人権という幻

A Vision Named Human Rights

対話と尊厳の憲法学

遠藤比呂通

Endo Hiromichi

keiso shobo

本書を恩師樋口陽一先生と
東北大学法学部の卒業生諸氏に捧げる

はしがき

本書は、わたしが弁護士としてかかわった事件の依頼者の方がたを主人公とした、ひとつの物語です。

わたしの大好きな本、宮沢賢治の『注文の多い料理店』には、つぎのような一節があります。

　これらのわたくしのおはなしは、みんな林や野はらや鉄道線路やらで、虹や月あかりからもらってきたのです。ほんとうに、かしわばやしの青い夕方を、ひとりで通りかかったり、十一月の山の風のなかに、ふるえながら立ったりしますと、もうどうしてもこんな気がしてしかたないのです。

（新潮文庫版、九頁）

賢治のひそみにならっていえば、わたしの物語も、一人ひとりの主人公の生の営みのなかで、魂の底から紡ぎだされた言葉をいただいてきたものです。ほんとうに、裁判所の廊下や、法律事務所の打ち合わせ室や、判決後の集会室などで、もうどうしてもこんな気がしてしかたないと思ったことを綴りました。

主人公の方がたのお名前すべてを書くことはできませんでしたが、一つひとつの「新しい物語」を語ってくださった人びとは、「虹や月あかり」のように鮮明に、たしかにご自分の闘いをわたしの魂に刻みつけてくださったのでした。

＊　＊　＊

『ロミオとジュリエット』の劇中には、「廷臣」のみる「お追従に膝を屈める夢」とならんで、「弁護士」がみる「成功報酬の夢」(fees) が語られています（第一幕第四場）。

ロミオの友人マキューシオの言葉に託された、シェークスピアの人間観察の鋭さには舌を巻きますが、この本の物語は、わたしが依頼者からいただいた「成功報酬」であるのだと思っています。わたしだけに、ではなく、この本をお読みくださる読者の一人ひとりの方がたに贈られた、素晴らしい「報酬」という気がしてしかたがないのです。わたしはその「報酬」を本書で「人権という幻」と名づけました。

＊　＊　＊

もっとも、わたしが、「人権という幻」について語りはじめたのは、弁護士になる一〇年ほど前、大学で教師をしていた時代のことです。場所は、東北大学法学部の法文一番教室の教壇でした。一九八八年一〇月、最初の講義の際にわたしは、ミヒャエル・エンデの『はてしない物語』を紹介しながら、つぎのように語りました。

この物語の主人公はバスチアンという名の、ふとっちょの少年です。優しかった母親が死に、父親と二人で暮らしていますが、母親の死後、父親はバスチアンに心を閉ざしていました。彼の唯一の楽しみは、読書です。本を読んでいるときだけ、つらい現実を忘れ、物語の主人公になれたからです。

ある雨の日に、古本屋から無断で持ってきてしまった「はてしない物語」という本を、授業をさぼって、学校の物置で読みはじめたのです。物語を読み進んでいくうちに、バスチアンは不思議な感覚に襲われました。物語が、バスチアンに、主人公になって物語に入ってくるよう呼びかけているように感じたのです。彼は物語の世界「ファンタージエン」の幼心の君に「月の子」という名前をつけることによって、物語のなかに入っていきます。しかも、救世主として。

ファンタージエンでは、幼心の君がバスチアンに与えたアウリンという不思議なメダルが彼の望みをすべてかなえてくれました。彼は自分がコンプレックスを感じていたものから徐々に解放され、姿かたちのよい、賢い、権力をもった自分へと変身してきました。ただ、ひとつの願いがかなうと、現実の世界でその願いをするきっかけとなった自分自身にかんする記憶を失ってしまうのでした。姿かたちがよくなった瞬間、ふとっちょだったことを忘れるというように。

かくして、バスチアンはすんでのところで廃人になりかけました。すべての願いがかなえられてしまえば、一切の記憶をなくしてしまいます。記憶のない人間は、もはやなにも望むこともできない無気力な人間になってしまうしかありません。実際、過去にそうなってしまった「元帝王たちの都」を見て、バスチアンは驚愕するのでした。

バスチアンに必要だったのは、現実の世界へ戻りたいという願いです。彼は、自分の見た夢のイメージのなかに「氷の塊の中に閉じ込められている父親」の姿を発見し、最後にまたこの世界に戻ってくることができました。そして、父親に、起こったことすべてを話しました。父親も心を開いて、バスチアンの話に、真剣に耳を傾けます。

古本を盗んだことを認め、返しにいったバスチアンに、古本屋のコレアンダーさんは、その本は盗まれたのではなく、バスチアンのためにそこに置かれていたのだというのでした。そして、こうつけくわえます。

「目に見える現実の世界だけでなく、心の中のもう一つの世界の存在を信じる人は多くはない。しかし、そのような空想の世界の存在を信じた人の中で、この現実の世界に戻ってこられる人の数はずっと少ない。君はそのような数少ない人々の一人になって、何度もファンタージエンと現実の世界を行き来し、人々に「命の水」をもたらすだろう」と。

この箇所で、作者エンデは、人権という理念とその実践のための重要な心構えを述べていると思います。

技術的な理性が万能の近代社会において、人間の意思がつくりだした目に見えるもの以外に、そのようなものを支えている人間の尊厳とか、個人のかけがえなさをほんとうに自分のものにできる人の数はそう多くはありません。

しかし、さらに少ないのは、理念の空中楼閣にとどまることなく、日々の暮らしのなかで個人のかけがえのなさを実現する手段を現実に根ざして考えていく人びとである、と。

わたしは学生諸君に、「人権の実践というはてしない物語」の主人公になるようにと、呼びかけていたのだと思います。この年、わたしが講義したのは、人権の理念の探求においてはジョン・スチュワート・ミルの自由論であり、現実世界へのその実践の面では、判例集に登載されている憲法事件でした。実際に「人権の実践」のために闘っている人びとをまったく知らなかったわたしにできる、精一杯の講義であったと思います。この年の講義の内容に加筆訂正したものが、『自由とは何か』（日本評論社、一九九三年）第二部です。

それから一九九六年九月に大学を辞職するまで、わたしの講義、ゼミを真剣に聞いて、対話の相手をしてくださった、当時の学生のみなさんには、いつかお礼を申し上げたいと思っていました。わたしにとって、学生諸君と過ごした日々は、なににもましてかけがえのないものであり、ほんとうに楽しい日々だったからです。

講義やゼミに参加してくださった、たくさんの方々の名前が思い浮かびます。書ききれないので、一人ひとりのお名前を記すことは断念します。しかし、一人だけは、触れさせてください。それは、今はなき、Y君のことです。彼は、最初から最後まで熱心に講義とゼミに参加し、卒業後も何度かわたしに便りをくれていたのですが、ある日、職場の屋上から飛び降り、帰らぬ人となってしまいました。彼と親しかった友人たちの話によると、職場でひどいいじめにあっていたというのです。しかし、ご両親の希望もあって、真相が公表されることはありませんでした。

ここに記された、わたしの拙い「人権という幻」が、真の命についての幻となり、わたしたちの社会が共有する幻になることで、Y君のような非業の死がなくなることを祈りたいと思います。

遠藤　比呂通

人権という幻
――対話と尊厳の憲法学

目次

序章

人権という幻

「幻」なき民は滅ぶ

この本において、人間の真の命にかんするひとつの「幻」(a vision)を語ろうと思います。その幻は、「人権」と名づけられています。わたしはその「幻」を、たんにわたし一人の「幻」ではなく、「日本社会」がもちうる「幻」として、示したいと思います。

ここでわたしがいう「幻」とは、アメリカのユニオン神学校で教鞭をとる、ドイツ人女性、ドロテー・ゼレから教えられたものです。彼女によれば、「幻」は、古代ユダヤ教において、「トーラー」と対をなす概念でした。「トーラー」とは、「律法」と訳されることが多いのですが、客観的法律、制度にとどまらず、人間の幸福を願う「教師」としての神の教えを意味しています。神が示す正しい生は、「トーラー」のなかで教えとして示されます。そして、その教えは、真の命にかんする「幻」のなかで、つねに新しく、人びとの心に刻み込まれなければならないというのが、古代ユダヤの伝統でした。「幻なき民は滅ぶ。律法を守るものはさいわいである」(旧約聖書、箴言二九・一八)といわれる所以です。

そこでは、「幻」は実践と結びついていて、人びとを行為へと向かわせるという特徴をもちます。ですから、「幻」には、根を下ろすこと、逃げ出すことはできないこと、その場にとどまることが必要だ、ということが含まれています。

わたしが彼女の考え方に注目したのは、彼女にとって「幻」とは、共同体が共有しなければならないものであるだけでなく、同時に、自分の民族が犯した過去の過ちにかんする「原風景」=記憶と、不可分に結びついていたからです。彼女はアメリカの友人との対話を通して、つぎのようなことに気づいたといいます。

ドイツ人としての私のアイデンティティーを内面的に明確に自覚していなければ、信頼関係を築けないということに段々と気づいていった。「ドイツ人である私は、……だと思う」という文章で話を始める必然性を繰り返し感じ、私の体験を語らないことには、何か隠しごとをし、嘘をついているような気がした。集団としての責任を避けて通る道はない。それは若い人たちにとっても同じことである。自分が建てていなくても、住んでいる家に対しては責任がある。私たちは歴史的な脈絡の中に生き、ナチスが用いたのと同じ言葉を話しているのだ。

（ドロテー・ゼレ『幻なき民は滅ぶ』三一頁）

「原風景」＝記憶を心に刻みつける者のみが、それを乗り越える、共同体としての国家の「幻」をもつことができます。彼女は、国家に認められるただひとつの正当化は、まさしく全体に対する責任、つまり本質的にもっとも弱い部分に対する責任を負うことにあるという、「幻」を示そうとします。

国家の責任がなにかを示す「幻」を語る際に、彼女は、チェルノブイリの大事故の数日後、ボンでおこなわれた「燃え上がるライン河」という花火大会での、ある「原風景」＝記憶を引き合いに出します。

大きな花火大会があり、約三〇万人の人出があった。その夜、大雨が降り、放射能降下物が人々に大きな影響を与えることは予測できた。救護班の人たちには、放射能を含んだ雨が降ってきたら、テントに入るように指示が出されていた。雨で身体が濡れた者は、絶対にシャワーを浴びるようにとも指示されていた。しかし、三〇万人の人たちには誰も警告しなかった。彼らは肌までびしょ濡れになったのである。国は責任を果たさなかった。（同三九頁）

彼女が「神の国」と呼ぶ「幻」は、神の支配が「わたしたちのただなか」で、正義と愛にもとづいた関係として建てられるということですが、それは、多くの場合、見えないように隠されていて、無力です。ですから、その「幻」を掘り起こし、発見していくためには、その実現を妨げている、現実の姿を、「原風景」＝記憶として心に刻みつけなければなりません。ゼレの描いた「原風景」は二〇一一年三月一一日以降、われわれの現前で現実となりつつあります。福島県飯舘村では、チェルノブイリ事故で強制移住となった地域をはるかにしのぐ汚染が確認されました。にもかかわらず、日本政府は一カ月も住民を放置したままでした。政府が原発事故の初期にメルトダウンしたことを認めていれば、住民はもっと迅速に避難できたはずでした。

「幻」と「原風景」の対照は、公民権運動にもありました。

マーチン・ルーサー・キングが一九六三年に示した「私には夢がある」という「幻」は、黒人と呼ばれる人びとと白人と呼ばれる人びとが、やがて同じ食卓につくという未来への希望です。その未来への希望という「幻」が語られるときにも、差別の現実が「原風景」として色濃く横たわっていました。「奴隷解放宣言」は一八六三年にすでに出ていたはずです。にもかかわらず、まったくと言ってよいほど、はたされませんでした。ドロテー・ゼレ同様、キングの演説にも、過去から現在にいたる差別の現実が「原風景」＝記憶として示されていました。

「日本社会」が「幻」をもちうるためには、苦しみを受けた一人ひとりの人間がもつ「原風景」＝記憶を真剣に受けとめることが、不可欠となります。

「原風景」としての釜ヶ崎

そこでまず、わたしが「幻」を語る出発点とする、「原風景」の話をしたいと思います。

大阪市西成区長橋に法律事務所を開設したのは、一九九八年四月のことでした。時を同じくして、事務所から数分のところにある、大阪市立今宮中学校の南側に隣接する歩道に、一〇〇メートル余りの散水装置が設置されました。しかし、それを撤去してほしいという抗議が、大阪市および今宮中学校に対してなされたのです。

抗議をしたのは、釜ヶ崎地域合同労働組合の委員長である稲垣浩さんでした。

抗議のきっかけは、佐藤さんという、当時、中学校の南側にある歩道でテント生活をしていた方が、「散水装置は、野宿しなければならない人を追い立てる嫌がらせではないのか」と、「よろず相談」で稲垣さんに話したことでした。散水装置は、ふつう、植木などに水をやるためのものです。しかし、この散水装置は、細長いパイプで、二〇メートルごと六つに区分されており、水が壁づたいに勢いよく流れ、歩道の上を水浸しにするというしかけです。「学校が掃除するのに必要だ」というのがその設置の名目でした。その名目とは異なり、現実に起こったのは、ダンボールや布団が水浸しになって、テントを張ることもできなくなるという事態です。佐藤さんの苦情の内容は、まさにこのことでした。

これは、野宿をしている人を排除するための装置ではないのか、と。

佐藤さんたちは稲垣さんに支援されて、散水装置の撤去を要求しました。しかし、その要求を真剣に受けとめるどころか、大阪市は逆に、そこから佐藤さんたちを強制的に追い出してしまったのです。「あたたかい心でお願いします。一回、大阪市・府の西成への見学、どういう生活して、食事しているか、話を聞いてほしい」という佐藤さんの願いも空しく、大阪市は、その年の暮れの一二月二八日に、道路から「不法占拠物件」を排除する手続きを用いて、佐藤さんらの生活の本拠であるテント家屋を強制的に排除してしまいました。

水をかけられただけでなく、佐藤さんたちは「物」として強制的に排除されたのです。佐藤さんたちに対する強制立ち退きがおこなわれたのは、今宮中学校の教室のすぐ南隣の歩道でした。強制立ち退きの直後、今宮中学校一年生の生徒たちと一緒に、「一二月二八日の釜ヶ崎の労働者の強制撤去の件についてあなたはどう思いますか」ということを授業で話し合った先生がいました。

そのなかで、生徒たちは、「強制撤去をするのはやむをえないとしても、どこにいくのかと、行き先のわからないのに撤去するのは、それはひどいと思う」「大阪市は労働者の人たちに『死ね』と言っていることと同じことだと思う」「ヘルメットをかぶった人たちがテントを燃やしていた場面を見ました。すごいひどいと私は思った。なんか信じられない」「道路にテントを張って生活するのはよくないと思います。でも撤去をしても、行くところがないので、またどこかでテントを張ることになるので、市が家をつくってあげればいいと思った」という感想を述べています。この資料は、生徒の保護者から稲垣さんに渡され、裁判所にも証拠として提出されました。

生徒たちのこのような意見を、校長をはじめ、教育に責任を負う人びとはどのように受けとめたのでしょうか。

佐藤さんたちに対する強制立ち退きの違法性を争う裁判が、大阪地方裁判所に係属しました(1)。わたしは、後藤貞人弁護士と一緒にこの事件を担当しました。今宮中学校の渡辺校長が大阪市側の証人として証言しましたが、渡辺校長はこのアンケートの内容はおろか、存在さえも知りませんでした。

この裁判で、渡辺校長は、後藤弁護士の尋問につぎのように答えています。

後藤弁護士　ホームレスの人が、なぜ増えているか、なぜテント生活を余儀なくされているかというようなことについて、生徒に、そういう趣旨の話をされたことはあるんですか。

渡辺校長　私は、ありません。

後藤弁護士　そしたら、先生に、この人たちは、こういう立場に置かれて、止むなく野宿生活、テント生活をしているんだというような話を、だれかがされていることはあるんですか。

渡辺校長　あります。

後藤弁護士　学校の近くにおる人も、本件道路に生活しておる人も、そういう人たちのうちの一部なんだよというような教育をされているんですか。

渡辺校長　はい。

後藤弁護士　にもかかわらず、この人たちを追い出すという話になっているんですか。

渡辺校長　それは、子供たちの学校での安全で、いわゆる快適な学校生活が送れるためにということです。

後藤弁護士　学校に隣接している本件道路で生活している人は、生命を維持するために止むなくテントで生活しているということを一方で教えながら、一方で、それは君たちの快適な学校生活のために、これは撤去するんだと、こういう説明をしておられるんですか。

渡辺校長　……子供たちには、そういうふうな説明をしていません。

後藤弁護士　していない？

渡辺校長　はい。

今宮中学校の南側道路の歩道部分に対する道路法の除却命令の行政代執行は、「著しく公益に反する」（行政代執行法二条）場合にのみおこなえます。大阪市の主張によれば、「著しく公益に反する」ことの内容は、今宮中学の教育に支障をきたすということでした。しかし、本文で引用する尋問の直前のやりとりでは、結局、「散水装置」が使用できるようになったということしかあきらかになりませんでした。つまり、「散水装置」を用いて、ホームレス状態にある人びとを排除できるようにした——。これが、彼のいう、「快適な学校生活」の正体です。

この「快適な学校生活」のため、大阪市に佐藤さんたちの追い立てを求めたのですが、「この人たちは、こういう立場におかれて、やむなく野宿生活、テント生活をしているんだ」という理解を、渡辺校長がほんとうはしていなかったことはあきらかです。

強制立ち退き後、学校は「散水装置」を使って水を流し、テントを張れなくさせました。さらに念を入れて、フラワーポットを置いて、みずから通学路であるはずの歩道をふさいでしまったのです。このフラワーポットは、持ち上げられない重いものでした。そして、その後一年以上水やりもしなかったので、植物はすべて枯れてしまいました。

佐藤さんたちへの強制立ち退きは、大阪市に対する、地元自治会、ＰＴＡの人びとの要請によって実現したという経緯があります。渡辺校長をはじめとした教育者だけでなく、この追い立てを是認して生活しているわれわれ一人ひとりも、佐藤さんから彼の「原風景」について学ぶ必要があるのではないでしょうか。

＊　＊　＊

佐藤さんは、強制立ち退きがおこなわれる前の一二月に、三回、大阪府立あいりん医療センターに通いました。咳がとまらず、単なる風邪ではなく、結核ではないかと心配だったからです。しかし、佐藤さんが頼んでも、センターではレントゲンを撮影してくれませんでした。翌一九九九年一月になって、その月二回目の診察を受けたとき、佐藤さんが懸念したとおり結核だと判明して、ただちにほかの病院に入院しました。佐藤さんは、結核の治療を受けた後退院して、二〇〇一年三月一日に大阪地方裁判所で原告本人として陳述をおこないました。

その陳述で佐藤さんは、自分が過ごしてきた日々を語りました。お兄さんと一緒にやっていた飲食店が倒産し、家にいづらくなった後、一年以上パチンコ店で働いたもののそこもやめ、難波に出てきたときは無一文でした。あいりんセンターの一階で野宿し、一週間はほとんど水だけで過ごし、三角公園でおこなわれる週三回の炊き出しと、四角公園での毎日の炊き出しが、唯一の食事でした。センターで知り合った福田さんに教えられ、今宮中学校南側歩道にテントを張りました。それで寝る場所を探さずに生活できるようになって、心に余裕ができ、近くに住んでいる人たちと名前を呼び合い、挨拶が交わせるようになって嬉しかったといいます。頻繁ではないにせよ、食べ物を分けあって食べ、自分のテントにもう一人の仲間が住むようになりました。働いて、アパートで生活したいという希望を強くもっている――。

しかし、佐藤さんのこの陳述に聴く耳をもつ裁判官はいませんでした。

それ以降、現在までわたしは、同じ場所で法律事務所を営んでいます。

わたしの出発点となった「原風景」がこの佐藤さんの受けた強制立ち退きでした。

佐藤さんは、退院後、今日まで一〇年以上、釜ヶ崎炊き出しの会のボランティアとして、毎日二回か三回、雑炊をつくって数百人の人に配っています。それはいわゆる貧しいものへの富めるものからの「施し」ではありません。佐藤さんは、一年以上、雑炊があたらなかったらどうしようかと心配で、配られる数時間前からならぶ生活を強いられました。雑炊の炊き出しに、好き好んでならんでいる人など一人もいません。満腹になるまで食べるということもありません。すぐにお腹がすきます。佐藤さんには、待っている一人ひとりが仲間であり、その苦しさを「胃」で理解しているのです(2)。

わたしを含めて、いろいろな人がボランティアとして、炊き出しや夜回りに釜ヶ崎を訪れますが、佐藤さんのような気持ちの人はなかなかいません。佐藤さんが、一〇年以上も炊き出しボランティアを続けている連帯・対話の姿が、いつの間にか、わたしにとっての「人権という幻」となったのです。

哲学の「深さ」

しかし、「人権という幻」を否定する傾向や態度が、「日本社会」を支配しています。今宮中学校の強制排除事件で、わたしは後藤弁護士のほかに、何人かの若い弁護士にも応援をお願いしました。返ってきたのは、「そんな絶対勝てない事件を引き受けるわけにはいかない」という断りでした。

わたしは現在、このような傾向や態度をつぎのひとつの命題に要約できると考えています。「人権は、理論的には正しいけど、実践には役に立たない」と。

人権についてのこの命題は、「学問」の世界と「実践」の世界のそれぞれの領域に棲み分けて生きている多くの人びとに共有されています。

学問の世界で、「人権」を自己の専門分野と考えている、哲学者、思想史家、法学者は、人権の「概念」にはきわめて先鋭に興味を示しますが、その実践は「専門外」だと考え、「学問の謙抑」という名で実践を回避しています。「実践に影響を与えることは第二義的なことであり、まず理論的な作業を深化させなければならない」というわけです。一方、実務家と呼ばれる人びとは、「実践に役に立つマニュアルの見地にたつと、そもそも、人権というのはまったく役にたたない御守りにすぎないのではないか」と考えています。

本書は、この両者が支持する、「人権は、理論的には正しいけど、実践には役に立たない」という命題を批判的に検討し、「人権という幻」を語ることを課題としたいと思っています。

＊　＊　＊

そのためにはまず、二〇世紀の良心的知識人の代表の一人と目されるアドルノが、理論と実践の単純な二分法は存在しないとして、つぎのように語っていることについて耳を傾ける必要があります。

哲学がそもそも現実とひとたび関わりをもたねばならないとき、この現実とのたんに観想的な関わり、自己充足的な関わり、したがって実践をめざすことのない関わりは、無意味であることが明らかになります。なぜなら、現実についての思考の行為それ自体がすでに——たとえその思考自身にはそうした自覚がなくとも——実践的行為であるからです。

（T・W・アドルノ『否定弁証法講義』八四頁）

アドルノがこのように主張する前提には、現実を解釈することは、現実を承認することではなく、現実を批判することと同義であり、現実を肯定する解釈はありえないという考え方があります。すなわち彼にとって、哲学とは抵抗の力であり、抵抗のための精神的力なのです。もともと抵抗というのは、衝動、直接的振る舞いに属するものです。そういったものがなければ、哲学をするきっかけが生じません。しかし、哲学が非合理なもの、一時的なもの、虚偽のものにとどまりたくないのであれば、抵抗は現実との連関において、理論的に展開されなければなりません。(3)

哲学が現実を解釈するという抵抗を、理論的に展開するためには、現象（ありのままの姿）と本質（本来あるはずの姿）の差異のなかで苦しんでいる世界を、正当化するのではなく、ただ表現することを課題として選びとる必要があります。

その作業にとってもっとも妨げとなるのは、自分がある種の集団に属していることを真理の保証とみなすことです。したがって、抵抗とは、集団などの、そのつど所与の事実と称されるものによって、自分の「理性の法」を唯々諾々と決められることを拒否することである、ということになります。別言すれば、この抵抗は、現実の対象ときわめて密接に接触しながら、現実を乗り越えることなのです。

現実に対するこういった批判的解釈がなければ、すなわち自分自身をコントロールできる、十分に練り上げられた思想がなければ、真の実践は存在しません。正しい実践が可能となるためにはまずもって、実践自体が歪められていることを十全にかつ余すところなく自覚することが前提となるからです。このことがあきらかに自覚されたとき、「理論の王国」に閉じこもることが不可能になります。

それだけではなく、可能かもしれない実践と比べると理論ははじめから無力であるとする、実践主義に絶対的な優位を与えようとする実務家と呼ばれる人びとにみられる傾向も、同じように誤りであることがあきらかになります。

再び、アドルノの警告を引用しましょう。

私は、「ではそう考えたとして実践としてはいったい何から始めればよいのか」、「考えたからといっていったい私は何をすることができるのか」それどころか、「そのようにいろいろ考えることで、可能な実践の邪魔をしているのではないか」といった……口ぶりを精神に関わる事柄においてもっとも重大な危険の一つと考えています。（同八七頁）

現実の構造悪（デモーニッシュ性）に介入しようとする政治的実践にはとてつもなく大きな制約が待ち受けています。今日目指されるべき実践が、単純に時代の趨勢に棹差すものでも、歴史の傾向に棹差すものでもなく、むしろ、それらに反するものであることを見誤ってはならないのです。実践主義を声高に叫ぶことは、時代の趨勢に棹差す実践のみを肯定する、「苦しみの正当化」に堕すことを意味します。なぜなら、われわれ一人ひとりが人間の尊厳を満たされた状態に到達することは、今日の生産力からすればことはとても単純だからです。われわれの社会の捨てる残飯を含めた資源だけで、世界中のほとんどの餓死者が生きていけます。高齢者を「終の棲家」から追い出して建て替えたたくさんのビルの空き部屋だけでも、ホームレス状態を余儀なくされている人びとが屋根の下に住める現実が、われわれの前に厳然として存在するのです。

しかし、現実の構造悪（デモーニッシュ性）は、このような再配分を妨げ、むしろそのような構造自身を無意識で受け入れ、正当化する「理論と実践」を再生産しつづけているのです。

その流れに棹差さず、抗して生きるのは人生の選択としては不可能に近いことでしょう。「金持ちの道楽」としてできることでは、ありません。にもかかわらず、現実の実践によって人間性を疎外されつづけている人びとが、この構造そのものである「デーモン」に名づけることによって、実践の歪みを理論として分析する希望を捨ててはならない、というのがアドルノのメッセージだと思います。

アドルノの『否定弁証法講義』は、講義開始直前に亡くなったパウル・ティリッヒとの思い出を語ることから始まりました。ユダヤ人アドルノの教授資格をティリッヒが獲得してくれたことで、アドルノの生命がナチスから守られたというエピソードです。隠された「デーモン」の名前をあきらかにすることは、「デーモン」を退治することであるというティリッヒの思想を、アドルノは継承したのです。

対話の相互性としての人権

アドルノの理論と実践についての二つのテーゼを真剣に受けとめたうえで、人権にかんする理論と実践を「アウシュビッツ」に定位して考察した哲学者ジャン＝フランソワ・リオタールの考え方をつぎにみてみたいと思います。

人権は、ただ人間であるだけでだれもがもっている当然の権利であるはずです。しかしこのように定義された人権が実践的に実現しないのは、その実践の歪みを正確に把握する理論が欠如しているからです。

「ただ人間である」だけで、だれもがもっているものとは、一体どのようなものなのでしょうか。

その理論化には、人権の実現を妨げている何か、実践の歪みを現実に即して、把握する必要があります。つまり、無意識であると意識すると問わず、われわれは他者を人格をもった「汝」としてではなく、「物」として扱っているという現実があります。そうであるならば、「人間はただの人間以外のもの」である場合にのみ、人権をもっている、ということをわれわれは認めざるをえません。他者が「我」に対する「汝」として対話者となる場合にのみ、その人はわたしたちにとって、人権の主体となります。別の言い方をすれば、すべての人間が他者のなかに自分と同じ姿を認める場合にのみ、その人を殺したり、追放したりするということを禁止する規範が、人権として立ち現れるのです。

＊　＊　＊

リオタールは、オックスフォードのアムネスティ講演「人権について」において、対話の相互性こそ、対話者たちの同格性を尊重し、正義の本質的意味をなしていると主張しています。

このことを理解するために、リオタールは、われわれがつねに「黙れ」という命令で発言が禁止される恐怖を抱いていることを思い起こすよう提案します。たとえば、学校の運動場で、ほかの子どもたちから「おまえとは遊ばないよ」といわれた子どもは、言葉で表すことができない苦しみを体験します。その体験を言語化できないまま、多くの子どもが死に追いやられました。発話の共同体の利害から排除された「くず」として、その苦しみを表現することさえ許されない。人間社会で、実際に起こりうることです。そして、そのような状態では人間は生きつづけられない、ということではないでしょうか。

人権の本質である「対話の相互性」からの排除を考える極限状況を、リオタールは、ナチスの強制収容所でのおぞましい体験の例に求めます。

強制収容所は、そもそも、コミュニケーションを遮断される状況を計画的につくりだす制度でした。そこに収容された人びとは、話しかけられず、ただ「物体」として処理されました。ナチス親衛隊は、それらの人びとを廃棄物として扱い、ゴミ処理場で焼却したのです。発話の共同体から排除された強制収容所の「犠牲者」たちは、発話というもののもつ、真の尊厳の意味を暗示していると、リオタールはいいます。ここでリオタールが「犠牲者」というのは、つぎのような意味においてです。

犠牲者とは、自分が受けた不当な被害を証明することができない人のことである。告訴人とは、損害を被り、それを証明する手段をもつ人のことである。この手段を失えば告訴人は犠牲者となる。彼がこの手段を失うのは、たとえば加害者が直接的ないし間接的に裁判官であるような場合である。彼は告訴人の証言を虚偽として却下する権限、あるいはその証言の公表を妨害する能力をもっている。だがこれは特別な場合にすぎない。一般的には、告訴人が不当な被害を被ったと申し立てながら、いかなる形でもその被害を呈示しえない場合は、彼は犠牲者となる。逆にいえば、「完全犯罪」とは犠牲者や証人を殺すことによって成立するものではなく（それは最初の犯罪に新たな犯罪を付け加えることになり、一切を隠滅することの困難性を増すばかりである）、証人を沈黙させ、裁判官の聞く耳を奪い、証言を支離滅裂な（常軌を逸した）ものとしてしまうことによって成立するものであろう。

（ジャン＝フランソワ・リオタール『文の抗争』二一〜二二頁）

リオタールにとって、対話を回復するという営みは、「ガス室はなかった」という人びとに対して、「犠牲者」を「告訴人」に変えていこうとする試みにほかなりません。

＊　＊　＊

われわれの社会に引きつけていえば、佐藤さんたちが経験した強制立ち退きという追放は、「犠牲者」がその言い分を聞いてもらえず、証言できなくさせる危害を与えるという点で、対話の相互性に全面的に反するのではないでしょうか。もっとも佐藤さんは、大阪地裁で「証言」することはできました。稲垣浩さんの支援による裁判が提起されたからです。しかし、佐藤さんが「証言」する前に、強制立ち退きを受けた人のうち、佐藤さんを今宮中学南側のテントに誘った福田さんほか四名が救急車で運ばれ入院した直後に亡くなっています。そして大阪だけでも、毎年数え切れない数の人びとが、正式な手続きさえとられずに、追い立てを受けている現実があります。

強制立ち退きを受ける人は、ほかの人たちに話しかける権利を拒絶された人たちの典型的事例といってよいと思います。そうだとすれば、対話の相互性を奪われた人びとに、その尊厳を回復すること。これが、人権のもっとも重要で実践的な課題ということになります。

人権が、もの言わぬ「物」にされている状況にある人間に対し、にもかかわらず、対話の相互性を保障するものであるならば、人権はある共同体の権利、すなわち、そこにおいて、話しかけ、話しかけられる権利を認められた市民の権利である、ことにとどまることはできないはずです。人権は、その共同体社会の構成員から対話の相互性を排除された人びとの権利であり、したがって、実定法上の概念でありながら、実定法を批判する概念でなければならないことになります。この意味で、この作業には、人権の理論的内容についての批判的解釈が不可欠となります。

現実の実践の歪みに目を向けるなら、実際の共同体は、多かれ少なかれ、対話の相互性ではなく、出生、言語、歴史などの同質性に依存していることが判明します。この共同体は、構成員間の対話における相互性を排除し、他者を端的によそ者として追放しています。このような傾向に棹差さず、それに反するものとして人権を批判的に解釈するにはどのような作業が必要となるのでしょうか。

構成員資格自体正義の配分を受けねばならない

この点について注目されるのは、ユダヤ系アメリカ人マイケル・ウォルツァーが、配分的正義における論考で、共同体の構成員資格自体が、正義にもとづいて配分されるべきだという主張をおこなっていることです。

入国許可政策を選択する権利は、どれよりも基本的な共同体の権利である。それは、単に、共同体（国民国家）が、世界で活動したり、主権を行使したり、国益を追求することに関する事柄ではなく、そういった活動をする主体である共同体の形（the shape of the community）そのものに関わる事柄なのである。入国についての許可と排除は、独立した共同体の中核（core）に属する事柄である。

（Michael Walzer, "Spheres of Justice", pp.61-62. 拙訳）

ウォルツァーのこの主張は、現代正義論、主権論、民主主義論に親しんだわれわれには、驚くべき内容を含んでいます。この主張には、対話の相互性を奪われ、他者として認められず、もの言わぬ「物」として追放される人についての正義が、追放する共同体社会にとっての正義の定義そのものであるという主張が含まれているからです。

換言すれば、ある政治共同体の正義とは、その構成員間において、どのように稀少価値を配分するかではなく、その共同体に住む非構成員に、どの程度、そのような決定に参与させるかだ、ということになります。

しかし、ジョン・ロールズに代表される現代正義論は、このようには正義を論じません。ロールズのいう公正としての正義とは、仮想された状態、すなわち、人びとが、自分の肌の色、性別、障害の有無、年齢等の属性について知らされない状態で（「無知のヴェイル」のもとで）、全員一致で選択される抽象的な配分の原理を意味します。そこで公正としての正義にとって大事なのは、「もっとも不利な人々」をも有利にする場合のみ、社会的・経済的格差は正当化されるということですが、だれがその選択に参加するのかは配分の対象にはなっていません。しかもここで正義とされているのは抽象的原理であって、はじめから、正義は実践されないものであることを「誤差」として想定しているのです。

現在の国家主権論は、国民国家の主権の内容として、だれを入国させるか、だれを追放するかについて、絶対的権力（制約されることのない）を有するという点を挙げます。この無制約の権力は、主権国家相互間の国際慣習法によって承認されているといわれます。しかも、たんに「外国人には入国の自由」がないだけでなく、実際にその社会で生活している「外国人」についても、いかなる場合について在留の更新を認めるのか、強制送還するのかという生殺与奪の権力として、国家主権は存在している現実があります。

さらに、民主主義論が、これらの理論に追い討ちをかけます。民主主義とは、デモス（同質のわれら）の権力であり、「われら日本国民」から排除される人びとにとって、それは、なんの意味ももちません。実際、日本の裁判所は「民主主義」と「国民主権」を同義に考え、「外国人」が、日本社会の政治的決定から排除されることを正当化してきました。

ここまでの論述で、二つのことがあきらかになったと、わたしは考えています。

＊　＊　＊

第一に、人権について、「理論」と「実践」を別の事柄だと考えられているのは、現代正議論、国家主権論、民主主義論の言説を語る人びとの多くが、当該共同体で対話の相互性を認められた「市民権」を有する人びとに限定されているからだ、ということです。だからこそ、この命題はほとんど絶対というほどの力をもっています。

第二に、共同体から排除され、そもそも、もの言わぬ「物」として存在を認められない人びとにとって、人権について「理論」と「実践」が一致しないということは、たんに議論の正しさの問題なのではなく、「生きるか死ぬか」(to be or not to be) の問題であるということです。

したがって、現代正議論、国家主権論、民主主義論の傾向に反して、人権の理論と実践を批判的に解釈していく作業がたとえどのように困難な作業だとしても、われわれには、それを諦めることは許されていないのだと思います。

その作業を本書でわたしの可能なかぎりおこなうことにします。ここでは、求められる作業のイメージを文学作品のみが表現できる人間解釈の「深さ」を用いながら、説明しておきます。

社会はつねに「新しい物語」を必要とする

ドストエフスキーは、『罪と罰』の結びでつぎのように書いています。

しかし、そこにはもう新しい物語が始まっている。——一人の人間が徐々に更新してゆく物語、徐々に更生して、一つの世界から他の世界へ移ってゆき、今までまったく知らなかった新しい現実を知る物語が、始まりかかっていたのである。これはゆうに新しき物語の主題となり得るものであるが、しかし本編のこの物語はこれでひとまず終った。

（日本ブック・クラブ、五三五頁）

ドストエフスキーのこの言葉は、主人公ラスコーリニコフについてのものです。ラスコーリニコフは、高利貸しの老婆を殺し、金品を強奪したとき、計画にはなかった老婆の妹も殺害して、シベリア流刑に処せられ、共同体社会から追放されました。ラスコーリニコフは、貧しさのあまり、他者とのあいだに相互に設定された、「殺すなかれ」「盗むなかれ」という道徳を無視できる者こそ「超人」であるという妄念にとりつかれてしまいます。そんな主人公が、アルコール中毒で仕事を放棄してしまうマルメラードフ、父の家族のためにみずからを犠牲にした娘の娼婦ソーニャらとの交わりのなかで、自首をし、最後には、ソーニャをはじめとする他者との対話の相互性を回復していく物語です。

ラスコーリニコフの回心のきっかけとなった夢は、人類にウィルスが蔓延し、人類が崩壊するというものでした。各自が自分の思いだけが正しいという妄念にとりつかれ、兵隊は軍隊の指揮官の命令を聞かず、人びとがてんでばらばらなことをはじめたからです。ラスコーリニコフは、この夢のなかの人びとが自分であるということに気づき、ソーニャの愛を受け入れ、自分のした行為についての責任に目覚めるのでした。

先にかかげた作家の言葉は、このときの回心を示した言葉です。

ラスコーリニコフの回心は、対話の相互性から排除された人びとの回復が、人間性にとって大切であるだけでなく、社会にとってもきわめて重要であることを鮮明にしています。

対話の相互性は、同質性にではなく（つまり、よそ者を排除することではなく）、対話の相手を通じて、わたしたちの知らない、聞いてもわからない何か新しいことを受けとることを前提とします。

回心前のラスコーリニコフは、他者が語ることにほとんど興味を失ってしまった独善的な青年でした。人が語ることを、語る前から、すべて知っていると考える人は、対話することができません。ラスコーリニコフの側からの「他者」への話しかけが必要です。しかし、それと同様に、社会がラスコーリニコフを「物」として抹殺しなかったことも大切です。ラスコーリニコフが二人を殺した強盗殺人犯であっても、死刑にならなかったことで、彼が対話の相互性を回復する機会が与えられました。現在の日本社会なら、死刑になっていたかもしれません。ドストエフスキーが死刑台からすんでのところで生還したことが、想い起こされます。

物語の中盤でソーニャが待ち望んだ「ラスコーリニコフの回心」は、ラザロの復活という「奇蹟」によって生じうる「宗教的」回心でした。しかし、クライマックスで始まったほんとうの回心は、ラスコーリニコフの「対話の相互性」を通じた、人間性の回復への旅立ちだったのです。

これらのことがわたしたちに示唆するのは、わたしたちの共同体社会において対話の相互性から排除され、もの言わぬ「物」とされた人びとが、機会を与えられ主体性を回復したときに、人間として語る物語を聞くことは、その人にとって死活問題であるだけではありません。その発話を抑圧してきた社会にとっても「もっとも耳を傾けるべき新しい物語」であるという意味で、死活問題だということです。

本書の構成・三つの課題

以上の理由から、人権の理論と実践を歪めている、現代正義論、国家主権論、民主主義論に批判的解釈をおこなおうというのが本書の目的です。

第一の作業は、「無知のヴェイル」に包まれた、すべての社会的状況を超えた抽象的次元における「もっとも不利な人々」を想定することではなく、実際の共同体において、対話の相互性から排除された人びとの「声なき声」を聞きとろうとするところから、正義論を構成しなおすことです。

第二に、入国および追放に絶対的権力を振るう主権国家を承認する国際慣習法ではなく、そのような主権国家がおこなうジェノサイド（アウシュビッツ、ドレスデン、南京《ナンキン》、堤岩里《チェアムニ》、広島・長崎に象徴される）を峻拒する「人間の尊厳」を、政治理論の中核にすえることが必要となります。
第三に、そしてもっとも困難な課題であると思われますが、民主主義の原理を、「われら日本国民」の決定という幻想にではなく、実際にその共同体に生きている人びとのあいだでの「対話の継続」ととらえなおすことです。

本書は、以上の三つの作業をおこなう、六つの部分により構成されています。
第一章「市民性について」は、対話の相互性から排除された人びとが、文字の獲得という抵抗のなかでおこなう、われわれの社会における「デーモン」への「名づけ」に、参与（participation）することから、正義論は構成されることを示します。

悪が真の姿を現すことで、その隠された力を喪失することは、メルヘンの世界では、「デーモン」「鬼」「小人」などの擬人化された悪の「ほんとうの名」を暴露するという話として描かれています。たとえば、グリム童話の「ルムペルシュティルツヒェン」においては、「小人」の力を借りて王妃となった粉屋の娘が、その代償に「最初に生まれた子ども」を奪われそうになる場面で、次のようなやりとりが登場します。

小人が入ってきて、「さてお妃様、おいらの名は？」ときくと、お妃はまず、「クンツっていうんでしょ？」と、ききました。「ちがう、そんな名じゃないよ。」「ハインツっていうのかしら？」「ちがうよ。」「もしかしたら、ルンペルシュティルツヒェンっていうんでしょ？」「そいつは悪魔が教えやがったんだ。」小人はそうさけぶと、腹立ちまぎれに、右足で地面を思いきりドスンとやったもんで、腹のあたりまでめりこんでしまいました。すると今度はもっと腹を立て、両手で左足を引っつかむと、自分自身をまっぷたつにしてしまいました。

（『グリム童話〈二〉』一〇八～一〇九頁）

夜間中学を舞台に、抵抗として語られはじめた老人の言葉を聞くことから出発し、小説家・中上健次の「差別の構造」についての主張に耳を傾けます。文字のない世界を、どのように差別社会の象徴でもある文字により可視化するか。その課題を中上は、「小説の構造」による抵抗によって達成しようとしました。中上の課題は、じつは、狭山差別裁判といわれる事例を通じて、「市民」による差別が、権力による差別とどのように結びついているかの構造を浮き彫りにするという課題でもありました。この課題の「深さ」を考えると同時に、学問であれ、実践であれ、法律家がこの課題を受けとめることさえできないでいる現状が示されます。

つぎに、第二章「人間の尊厳について」では、どのようにしたらこの課題を受けとめることができるかを考察したいと思います。

人間相互の信頼が制度化されたものが、市民政府に対する信託ですが、しかし、その信頼には限界があり、人間は自分の「命」と「良心」にかんする事柄を他人に任せきりにすることができないという、ジョン・ロックの主張をまず分析し、その理論の現代的意味を、人間相互の信頼を「汝の敵を愛せよ」というかたちで説きながら、その具体的あり方について「非暴力不服従」＝抵抗運動を組織することで実践した、マーチン・ルーサー・キング牧師の理論が吟味されます。キング牧師が、軍隊の兵士と対比して描いた「非暴力の戦士」に要請される三つの課題は、冷徹な現状認識にもとづく戦略論（mind）と人間の価値に対するゆるぎない確信（the sense of justice）、そして最後にそれを実践する決断（conscience）と勇気（courage）でした。キング牧師の闘う意義について、小学校、養護学校の卒業式と入学式で、日の丸・君が代の強制に抵抗し、職務命令に対し良心にもとづいて不服従をおこなった教師たちの生き方を通して、考察しました。

この考察を通して、キング牧師が語ったように、「良心が不正なものだと教えてくれる法に反し、地域社会の良心がその不正に覚醒するようにすすんで拘留の刑罰を受けるものは、実際には、法に対して、最も尊敬の念を表明している者」（『黒人はなぜ待てないか』一〇二頁）であることを示したいと思います。

第三章「市民社会の法について」では、人間の尊厳が、実定法への抵抗を正当化する以外に、実定法とどのような関係をもつのか、について考察します。

まず、人間の尊厳の見地からみた場合、実定法には、どのような問題点があるのかについてです。パウル・ティリッヒが主張した、「法の制定の曖昧性」「法の執行の曖昧性」「法が一般的・抽象的規範であることから生じる曖昧性」という、三つの「曖昧性」に着目しながら分析がなされます。

つぎに、民法学者の広中俊雄が主張する法理論が、これらの三つの実定法の「曖昧性」に対処する方法論であることを指摘するとともに、広中の主張する、人間の尊厳を根拠とした「反制定法的欠缺補充」という考え方に着目したいと思います。実例としては、「終の棲家」に居住する権利を奪われている高齢者の状況について、二〇〇二年区分所有法改正の三つの「曖昧性」を指摘し、その「曖昧性」に対処すべき責務を負っている裁判所が、その責務をまったく放棄してしまっている事態を浮き彫りにします。

第四章「国民国家の魔神性について」では、実定法を支える国民国家が、偶像として機能してしまっていることの構造悪（デモーニッシュ性）について、みてみることにします。

日本で生まれた赤ちゃんが一二歳になったとき、「不法滞在」であることを知らされ、日本国からまだみたこともない「国籍国」へ強制送還されるという事例を通して、この問題を検証していきます。人間の尊厳を意味あるものにするためには、デモーニッシュなものによって踏みにじられるのは、もっとも小さいものの人間性（アイデンティティ）であることを、確認する必要があると思うからです。さらに、国家から究極的関心を要請される兵役に服したにもかかわらず、軍務についた結果の後遺障害についてさえ、一銭の補償も与えられることのないまま亡くなった鄭商根氏の生涯を通じて、日本社会の応答責任の厳しさを考えたいと思います。

第五章「裁判所の憲法解釈について」では、認知により日本国籍取得をすることを、「父が日本人である子の国籍取得は、優遇されるべきである」という原理にもとづいて認めた、二〇〇八年の最高裁大法廷判決を分析します。

その反面、「外国人」を、裁判所がどのように定義しているかについて、東京都管理職受験拒否事件における最高裁の解釈を参照しながら、分析します。そこでは、裁判所を支配する「制度の枠内での人権保障」という憲法解釈の特徴を抽出することになります。これが、日本社会の法実践を支配し、歪めている「裁判所の憲法解釈論」の正体であることが暴露されます。

終章「カラマーゾフ的対話への誘い」においては、民主主義原理とは、最高裁判所が主張する「統治者たる国民が負う最終的な責任」ではなく、社会的、政治的、歴史的状況にある「責任を負う自己」が状況を解釈し、その状況に相応しい応答を共同体の一員としておこなう「対話の継続」であると定義したいと思います。

ここでは、「わたしは日本社会の市民ですか」という、ホームレス状態にある人びとの問いが真剣に応答されるべきものであることが主張されます。「生活の本拠」がないために住民票を消除されてしまっている人びとが、住民票を求めて争っているのは、民主主義にとって決定的な問いかけではないのか、それらの人びとは市民として真剣に問いを発しているのであり、それに責任をもって応答しない社会を民主主義社会と呼ぶことはできない、ということをあきらかにしたいと思います。

＊　＊　＊

以上の作業を通して、わたしたちがみずからの社会を理解すべき「原風景」＝記憶と、それを乗り越えて共有すべき「人権という幻」を示すことができれば、本書はその目的を達することになるのです。

(1)大阪地方裁判所第七民事部（山下郁夫裁判長）平成一〇年（行ウ）第八一号行政代執行処分取消請求事件。この事件に対する、一審判決は、二〇〇一年一一月八日に言い渡されました。本文に引用する証人尋問は、二〇〇〇年一〇月一九日におこなわれた第八回口頭弁論調書の抜粋です。

なお、この事件については、遠藤比呂通『市民と憲法訴訟』第六章および、野々村耀「釜ヶ崎今宮中学校南側道路の強制撤去」、小柳伸顕「裁判官の人権感覚」を参照いただければ幸いです。

野々村・前掲は、「僕が極めて重大だと感じているのは、これまでと野宿者を見る意識が変わりつつあることです。かつては、『野宿者は怠け者、働く気がない人、好きでしている。だから、自業自得、放っておいて良い』という見方が多かったと思います。……ところが、……本人の責任ではなく社会が野宿に追いやったのだと知りつつ、なお、排斥してよいという意識が育っているということは大きな問題です」という警鐘を鳴らしていました。

(2)釜ヶ崎で四〇年、日雇い労働者の一人として、牧師として生き、二〇〇七年一一月に逝去された金井愛明牧師は、一九九六年一二月のクリスマス・メッセージとして次のように語っています。

「『空腹で眠れない』という訴えを聞いたことがあるだろうか。多くの人々は、苦々しく聞くであろう。『飽食時代に今更何を』と言うだろう。しかし、この声を耳を澄まして聞かなければなりません。おいしい肉を食べるために、牛にビールを飲ませる時代だから。世界の多くは飢えているのですから。まさに世界は飢餓時代です。

あのお米の狂乱の時、炊き出しのお米がなくて困り果てた時、思い余って一〇〇人に『お米を下さい』と手紙を書いた。いずれ送ろうと考えている中で、さっそく速達書留で三人の友がお米券を送ってくださった。驚いて、このことをあまりにもうれしいので親しい友に知らせたら、速達で送ってくれる人たちの『ひもじさ』への共感、痛みを受け止め方に衝撃を受けたといい、『自分は観念の痛みはあっても、『胃袋』の痛みはなかった』と書いてあり、友達に訴えてくれた」(「隣人と共に生きるクリスマス」日本基督教団大阪教区ニュース一九九六年一二月二〇日号)。

(3) アドルノが、現実を批判することだけが、現実の解釈であるとし、それを哲学の課題とする(否定弁証法)背景には、つぎのような状況認識があります。

「私たちが暮らしているのは敵対的な社会である、ということです。すなわち、……社会はそれが抱える矛盾とともに、あるいはそれが抱える矛盾にもかかわらず生き延びているのではなく、それが抱える矛盾をつうじてこそ生き延びている、ということです。……こんにちすでに経済システムの総体がどのように自己を維持しているかを考えると、いわゆる資本主義国であれ、ロシア、中国の勢力圏にある国であれ、どの国においても、社会的生産の非常に大きな部分を絶え間なしに、絶滅の手段に、とりわけ核兵器とそれにまつわるものに費やすことによってのみ維持されているということは、十分ありそうなことです。……この考察は、客観的側面からみても矛盾の概念に向かわざるをえないこと、しかも、二つの無関係な事柄の間の矛盾ではなく、内在的な矛盾、事柄それ自身のうちに存在している矛盾の概念に向かわざるをえないことを、さしあたりみなさんに十分示しているだろう、と私は思います」(アドルノ『否定弁証法講義』二〇～二一頁)。

「非核三原則」がまったくの嘘だという、沖縄返還時の密約の内容があきらかになった日本社会において、とりわけ、原子力潜水艦という軍事目的に利用するために開発された原子炉が、黙示録的に崩壊していく過程に立ち会わざるをえないわれわれ市民にとって、アドルノの以上の指摘は、一層の説得力をもって迫ってくるのではないでしょうか。

第*I*章

市民性について

親密圏における語り

「あんた簡単に思うかもしれんけど、うちらにとってはここにくるまでが大変なんやー。たった一〇〇メートルのここにくるまでに、なんぼ行こうか休もうか考えるかわからへん。でもな、がんばってここ来るねん。ひとつでもふたつでも字覚えたいから。やっぱスーパー行って品物の名前読めたらうれしいし、孫に絵本のひとつでも読んであげられたらうれしいもん。汗かきながらでも、ここついたらほっとするしなー」。

（矢野亮「『まちづくり』の中で障害と老いを生きる」山田富秋編『老いと障害の質的社会学』七〇頁）

この言葉は、一九九六年、大阪市住吉地区（同和対策事業特別措置の対象地区）に暮らす八〇歳のAさんが、住吉解放会館でおこなわれていた識字学級で、講師の矢野亮さんに語った言葉です。矢野さんは、当時、識字学級の講師をしながら、部落差別のほんとうの意味を、先輩であるお年寄りから聞き取り、学んでいました。

「講師として参加している自分が情けなくなるほど、それまで自分が自分の生まれ育った地区についてあまりにも無知だったことを思い知らされた」「自分の生い立ちや経験を語り、記すことは、文字を知るわたしにとって容易なことだが、おかあちゃんたちにとっては、それ自体が闘いなのだということも気づかされた」と、矢野さんは語っています。

毎週、休まずに来ていたAさんが、識字学級に来なくなりました。自宅で転倒し、足を骨折して、病院に入院したのです。つぎの週、地区から離れた病院に入院している彼女のところに見舞いにいった矢野さんは、わずかの期間で、Aさんが、識字学級に来ていたときとは別人のようにかわりはてていることに驚きました。識字学級に来ていたころから、Aさんは認知症を発症していました。その症状が急激に悪化し、矢野さんの顔も忘れていたのです。でも、Aさんは、矢野さんの顔は忘れても「識字」は覚えていて、「あっ識字かー。識字、わたしは足わるいから、行きとうてもよう行かへん」と残念そうに答えました。そこで矢野さんは、識字学級で以前に撮影した会のビデオを持っていっては、Aさんと病院で一緒に見ながら、彼女の昔話を聞きつづけたのです。

そのなかで、矢野さんは、識字学級に通う人たちが自分の生い立ちやさまざまな経験について、自分の言葉で語り、綴りつづけることのほんとうの意味に気づいていったといいます。部落解放運動の原点は、じつは識字にあるのでした。「水平社宣言」にある「虐げられしものが、神の子となるときがきた」ということの意味は、「人の世の冷たさがどんなに冷たいか、人間を労わることが何であるかを知っている」者だけが、はじめて、その苦難の経験を通じて「人の世に熱あれ、人間に光あれ」という、真の命にかんする「幻」を描けることにあります。

矢野さんは、識字学級という空間は、「親密圏（intimate sphere）」という言葉で定義できるのではないかと、しだいに考えるようになります。「親密圏」は、「自己のライフヒストリーを保持し、親密な他者と共有し、これを他者と語ったり、あるいはそれを語りなおしたりすること」ができる空間です。そこでは、人間の条件として、「〈生命の配慮〉と〈抵抗〉とが分かちがたく結びつ」いています。

Aさんにとって、識字学級の意義は、まさしく「親密圏」でした。

識字学級において〈生命への配慮〉とは、居場所の確保であり、〈抵抗〉とは剥奪された文字により、被差別の記憶を中核としたライフヒストリーを語ることなのです。

＊　＊　＊

矢野さんがAさんとの出会いから学んだように、本章「市民性について」では、政治社会の構成員として「対話の相互性」をもつための資格として「文字の使用」が要求されていることの意味について、考えることからはじめたいと思います。

自分の生い立ちや経験を語り、記すことは、文字を知る者にとっては容易なことかもしれませんが、文字の獲得過程から排除された人たちにとっては、語ることそれ自体が闘いです。識字によって、抑圧されてきた自分の経験を文字にして、他者に伝える主体となること。その主体性の回復こそ、もっとも深い意味での、抑圧に対する「抵抗」であるのです。

しかし、被差別体験を文字にすることを奪われてきた歴史的文脈においては、文字そのものが「差別側の論理」によって構成されてしまっています。にもかかわらず、被差別の苦しみを文字によって表現することはいかにして可能なのでしょうか。

おとなの中学生

弁護士になって二年ほど過ぎたとき、卞今連（ピョン・クムリョン）さんとおっしゃる一人の韓国人女性の経験から、わたしはこの「抵抗」の意義と困難さについて、学ぶ機会をもちました。舞台は、東大阪市布施にある夜間中学校でした。毎年発行される「おとなの中学生」という識字のための文集に寄せた作文が、学校当局の検閲にあい、当局を批判する部分が削除されて掲載されるという事件が発生したのです。(1)

彼女は小さいころ、朝鮮半島から両親と一緒に大阪に連れてこられました。学齢に達したころは、小学校にもろくに通うことができない境遇でした。子守りをしたり、蒸気機関車が線路に落としていくコークスの破片を拾い集めて売る仕事をしたり、子どものころから休みなくしんどい仕事を続けました。結婚し、子どもを育て、夫の仕事を手伝い、子どもが結婚するときには家をもたせました。孫も育ち、やっと自分の時間ができ、夜間中学に通えるようになりました。彼女はこの夜間中学ではじめて、学校生活を経験します。

彼女は、それまで「日本人」として生きてきました。通名で通し、近所の人も、友人も彼女が韓国籍であることを知りません。このような生き方は彼女にとって選択の問題ではなく、生きるための条件でした。民族名で生きれば、家も借りられない、仕事にも就けないのですから。

夜間中学では、日本語の識字教育を受けるだけでなく、学校内に設置された書堂（ソダン）という学習会でハングルの勉強もしました。その夜間中学で彼女は、通名ではなく、ほんとうの自分の名前をはじめて使って作文を書いたのです。自分の生い立ち、被差別の記憶。字が読めないので、どのような恥ずかしい思いをし、苦労したか。寿司屋の仕入れのために、どうしても車の運転免許を取らなければなりません。実地試験は難なく通りますが、学科試験は難しい。辞書の音訓索引で、学科の教科書の一つひとつの言葉を調べ、暗記するくらいに勉強しました。しかし、実際の試験は、教科書がそのままでるわけではありません。そうなると彼女はもうお手上げです。二度受けて、二度とも白紙に近い答案でした。二度目のときに呼び出されて、言われました。「あなたは、字が読めないのですか」「ええ、そうなのです」。なんとか、免許は取得できましたが、そのときの恥ずかしさを忘れることはできませんでした。

夜間中学の存在を知り、見学に行った帰り、二人のおばあさんが、帰る途中の路地に入って、表札をじっと眺めている姿に出会いました。「これ、中村って、読むんやな」と嬉しそうにつぶやいています。その姿に自分を重ねて、彼女は胸が熱くなったそうです。

夜間中学で、ゆっくり少しずつ文字を獲得し、彼女は、自分自身を人間として表現していきました。その過程で、彼女がもっとも関心をもったのが、この文字を獲得しほんとうの名前で人生が生きられるようになった場である夜間中学校自体が、政治の世界の犠牲になりつつあるという現実でした。

三年制の義務教育の中学とちがい、夜間中学には卒業までの年数制限がありませんでした。しかし、そのころ教職員組合と東大阪市教育委員会は、夜間中学の分校化をすることと、年数制限を設けることの二つに合意したのでした。教職員の地位の安定と引き換えに、夜間中学という「居場所」を「卒業」という名で追放されることになったと、彼女には思われたのです。

その当時、彼女は学級の副会長でした。夜間中学の存続のための運動をするように、生徒自身を「動員」する教師や学校側のやり方にも、反発を感じました。会長になろうとしたら、教師がクラス換えまでさせて、別のクラスだった生徒を自分の学級の会長に指名してしまいました。「それはおかしい」と何人かの仲間と一緒に抗議した結果、翌年からは、会長、副会長は選挙で決められることになりました。

選挙権から排除されつづけた「在日」である彼女にとっては、「選挙」ということ自体がはじめての経験です。彼女は「会長」に立候補しました。しかし、学校側と折り合いをつけた人びとが、自分側の候補者の席にだけカーネーションを置き、彼女の席には置かず、選挙の投票を待つ人びとに「カーネーションのある席に座っている人の名前を書くように」という誘導がなされたのです。

彼女は、教師と学校側は日本人生徒とだけ交渉していたという事実に、なによりも傷つけられました。選挙の手続きのことも、抗議でまいたビラについても、自分と仲間の韓国籍の人びとはその存在さえ無視されました。彼女は、そのことを作文に書き、みずからの怒りを文字で表現しました。教師と学校側は、ほかの生徒について書いた部分を削除したうえ、彼女の作文に登場する教師などの人名をすべてイニシャルに代え、だれのことかわからなくして、それまで一冊だった文集を八分冊に分けて発行したのです。イニシャルにされたのは、他人の名前だけではありませんでした。作文の書き手である自分の名まで消されました。彼女は、この行為が、違法な公権力の行使だとして、丸尾さんという日本人と二人で、東大阪市を被告として国家賠償請求訴訟を提起しました。

提訴後の記者会見でほんとうの名を使った彼女は、それまで彼女を日本人と思っていた近所の人や知人から、「態度の変化」というあからさまな差別を受けました。そして、知人だけでなく、親戚からも強く非難されました。親戚の人たちも通名で生きざるをえないのに、彼女がほんとうの姿を現したことで、自分たちに難がおよぶのではないかと心配したのです。

裁判所は、教師らが彼女の文章をそのまま載せずイニシャルを使用したことは人格権の侵害であるとして、彼女の主張を認めました。勝訴判決について、東大阪市は控訴せず、この訴訟は一審で確定しました。

しかし、判決は、彼女が置かれていた「窮状」(predicament)について、まったく理解していませんでした。判決が違法としたのは、彼女の同意もなくイニシャル化したのは、教育の一貫としておこなわれたにしても、裁量権の限界を超えるということだったのです。彼女が存在として無視されたという主張について、判決は理解さえできませんでした。裁判長が訴訟指揮のなかで、双方に釈明する前提として、「全部載せないなら編集権ということもありうるが、本人の承諾なく変更するというのは認められないのではないですか」と、本件についての心証をあきらかにしたことがありました。本件判決の論理構造を端的に表現していると思います。

判決の論理にはこのような限界があるにせよ、彼女が問いかけた問題自体は、日本社会が受けとめるべき根源的問題を提起しているように、わたしには思えます。

教室で、教師が、自分の名前の署名があるビラを教材にしました。その教師が署名した日本人だけに話しかけ、自分には問いかけもしない。会長候補になっている選挙の適正の問題について、自分自身は交渉の相手にもされない。このような「対話の相互性」の排除は、選挙権のない彼女がいつも感じてきたことでした。その苦しみを、自分を差別してきた社会の象徴である「文字」を獲得し、その文字によって表現することこそ、社会の「構造悪」に名づけることになるのだと思います。しかし、「構造悪」である「デーモン」は、そのような「名づけ」に抵抗します。

彼女の作文にでてくる人名が、彼女自身の名前も含めてすべてイニシャルにされてしまったことについて、二〇〇〇年六月二八日、原告として彼女はつぎのように大阪地方裁判所の法廷で陳述しています。

そら、自分の顔をつぶされたんと。もう許されへんいうのが一杯で、今までされたことが何だったんだろうか、これで皆訴えよう思ったのに、学校側としたら、これをつぶされたことが悔しくてたまらなかった。

（第七回口頭弁論本人調書二四頁）

彼女にとっては、「辞書」ひとつ引くこともたいへんな作業です。

ここでね、その『秋』という字だったらね、『あ』のほうで探すんです。ほな、秋やから『あ』の『き』、次その下『き』が入ってくるでしょう。それで、ずうっと『き』のほうを調べて出すんです。これでない場合は横の、のぎへんであったら、この画数を探して四やったら四のとこね、これをずうっと探して、こののぎへんが出てきたら、この下に数字、番号出てるでしょう、これを見てぱっと開くんです。

（同六五～六六頁）

こうやって一字一字調べながら書いた作文は、彼女にとってかけがえのない大切なものでした。にもかかわらず、自分の人生における苦しみの深さを表現した文章を削除され、意味不明なものにされた彼女の怒りが、提訴にまで踏み切らせたのです。

人権が不可侵の権利（an inviolable right）であるのは、事実上、人間が人間を人間性の喪失にいたるまで傷つけることができないからではありません。それは、道徳的にいって、人間性を傷つける者は、被害を受ける人だけではなく、自分自身の人間性を侵害しているからです。彼女に識字教育をおこない、生徒の作成したビラを国語の授業の教材にし、生徒会の会長選挙を指導した教師たちは、自分たちを批判する作文を検閲し、削除することで、みずからの教育者としての尊厳を傷つけたのだと思います。

矢野さんが住吉解放会館で、識字教育の空間が「親密圏」であると考えたように、東大阪夜間中学も下さんにとって「親密圏」でした。その「親密圏を破壊することによって、排除された人間／

住民をコントロールしようとする新たな生政治」が介入してきたとき、彼女は、「親密圏の語り」によって抵抗を試みました。しかし、その闘いは、彼女の文字獲得を援助したほかならぬ教師によって抑圧されてしまいました。これが差別・抑圧の構造の恐ろしさなのです。

卞さんの闘いを継承していくために、われわれはどのように考えたらよいのでしょうか。差別の論理に絡みとられない、被差別の構造を、差別側の武器である「文字」によって、どのように表現できるのでしょうか。

その困難な課題に挑んだ、作家中上健次を通してさらに考察を進めたいと思います。

市民による差別の構造

中上によれば、市民社会は、差別社会です。

差別する側は、そのことを認めません。

差別される側は、認めたくなくても、小学校にあがるころには、その厳しさをいやというほど思い知らされます。

作家中上健次は、この事実を「小説の構造」であり、「市民社会の構造」であると喝破しました。

　絶望が、何をするにも最初にあると思うんです。絶望しているから、いろんなものが見えてくるのです。絶望しているから、「てやんでぇ」とも思うんです。だから被差別者イコール小説家、いや逆に差別者イコール小説家と言いきってもいいと思うんです。人が人を差別する。そんなことがあってはいかんのだけど、これはなくならないという絶望があって、それがまず前提なのだと思う。

（中上健次・野間宏・安岡章太郎「市民にひそむ差別心理」野間・安岡編『差別・その根源を問う〈上〉』一七八頁）

中上のこの発言は、狭山事件についての作家野間宏と安岡章太郎との鼎談の際になされました。そこで、中上はつぎのように言っています。

まだ無名なんですが、その若い小説家志望者……このあいだも、石川青年が獄中で闘ってるのをみてたら、泣けてきたと言うんです。全然関係ないやと思っても、狭山集会の明治公園まで行こうと思った。それで国電に乗って行こうと思って駅で立ってたら、泣けてきちゃって、やめちゃったらしい。

（同二一一頁）

「まだ無名なんですが、その若い小説家志望者」とは、中上のことです。彼はこの対談で、自分が和歌山・新宮の「路地」出身であると明かしました。しかし、『朝日ジャーナル』に掲載される段になって、野間宏の示唆により、このように書き換えました。狭山をテーマにした座談会が、中

上の「告白」により、センセーショナルなものになってしまうのではないかと、編集者が懸念したためでした。(2)

中上のなかに、大きなわだかまりが残りました。

座談会の担当編集者であった千本健一郎と話し合い、自身の「ルーツ」をたどる企画「紀州　木の国・根の国物語」が『朝日ジャーナル』に連載されるようになったのは、このような経緯によるといいます。この連載の最後で、中上は、差別の構造についてややトーンを変えて、つぎのように語ります。

私は、自分が被差別部落とは何なのか、差別、被差別とは何なのか、何ひとつ分からないのに思い至る。

（中上健次『紀州』三二六頁）

新宮の「路地」に生まれた中上は、小学生のとき、自分だけ母親に連れられ、再婚相手の義理の父親と同居するという経験をします。母に捨てられた二四歳の兄は、酒に溺れ、発狂し、母親と彼を殺すといって、中上が暮らす家まで押しかけ、包丁を畳に突き立てることを繰り返しました。その兄が、中上が育った家で、首吊り自殺をします。中上は、この兄の死を一生背負うことになります。中上の実の父親は、自殺した兄の父親ともちがいます。そして、中上の姉が結婚した相手の兄弟が、家の立ち退きのことで突然殺しあうという陰惨の事件も起こりました。

芥川賞を受賞した『岬』という作品において中上が描いたのは、「結婚差別」とか「就職差別」の結果としてあらわれる差別事象ではなく、その根源にある生そのものです。被差別の構造のなかで、「腹と腹とをこすり合わせるように育った」人間の闇の部分を含めた存在の深さでした。それは、中上が「路地」と名づけた「文字のない世界」を、差別者の象徴である「文字」を使って描きるという、壮絶な「抵抗」であったのだと思います。

その中上が、紀伊半島の被差別部落と「非被差別部落」を文字では語られぬ人間の経験に沿って綴ろうとした試みが、「紀州　木の国・根の国物語」の連載でした。「古座」は、中上の母親ちさとさんの出身地です。古座川をはさんだ西側にある西向で中上は、同和対策事業特別措置でやっと購入された一隻の漁船が、古座の漁業協同組合の反対で、古座の漁港に漁を卸すことができないという差別の実態を書きました。しかし、古座の漁業協同組合はそのような事実はないと、中上と『朝日ジャーナル』に抗議します。

古座の町役場で、話し合いの会が地元の漁協関係者中心に開かれました。そこで、「漁協の反対」はなく、「同和船」も古座に水揚げができるが、より高く卸せる串本などほかの港を使うというのが真相であるとわかり、中上は訂正の文章を書くことを約束します。

しかし、その過程で中上は、より深い差別の構造を知ることになります。

西向の人びとは、古座漁業協同組合には加入していません。一隻の船しかないのに自分たちの漁業協同組合があるのです。西向の漁協には施設がありません。結局、中上は、つぎのように書きました。

差別とは、構造のことを指す、と私は思う。古座町で私が見た構造的差別とは、古座川をはさんで目と鼻の先に設備を持たない漁協を仮設置して、古座漁協と西向漁協と二つつくるその構造の中にある。その構造的差別は、人の眼につきにくい。構造差別の露呈する事はほとんどない。

（同二九四および二九五頁）

差別のなかに生きる人間の「差別はなくならない」という絶望を語った中上は、とくに、伊勢神宮に蓄えられている書物の文字に体現された「差別の論理」の厚さに驚愕します。そして、ほかの被差別部落の世界に生きる人びとの被差別を可視化することの困難さに絶望していくのです。

＊　＊　＊

わたしは、中上がこのことを語った一九七七年の一七年後に、千本健一郎さんと一緒に、古座の西向を訪れました。中上が話し合いをしたという古座の町役場からはじまって、沖浦和光・桃山学院大学名誉教授に案内していただいて、西向の村を歩きました。その時点では、漁船の維持はできなくなっており、一隻の釣り舟があるだけでした。なによりも驚いたのは、護岸工事の歴然たる差でした。東側は、何メートルもある壁に村が保護され、その壁にそって何隻もの漁船が係留されています。西側は、壁もなにもなく、洪水になると西岸だけが氾濫する危険がありました。村のなかを歩いたときの、子どもたちのおびえるような暗い視線も、忘れることができません。

中上が描こうとした世界の現実がそこにありました。

被差別の構造のなかで生きる人間の絶望を、差別の文化の象徴である文字を使って描くことが「小説の構造」であるとするなら、差別の構造を差別の文化の象徴である文字を使って「名づける」ことこそ、学問ということを営為とする人間の責任ではないのか。そのときのわたしは、そう考えました。

人生の苦しみに参与(participation)するものだけが、その「名づけ」の意味を理解できるのではないかと思います。ならば、正義の構造は、仮想的に想定された論理のなかで、「もっとも不利な人」を考えるのではなく、虐げられた人びとが実際におこなった「名づけ」に参与すること以外にありえません。

差別の心理と権力の論理

狭山事件はあまりにも有名です。わたしは、狭山弁護団の一員になってから、事件について知れば知るほど、あきらかな冤罪事件であるように思えて仕方がありません。それでは、狭山事件ではなぜ、無罪判決がでなかったのでしょうか。そもそも、石川一雄さんは、なぜ逮捕されるにいたったのでしょうか。石川さんは、なぜ自白し、その自白を一審が終結し、死刑判決を受けるまで維持したのでしょうか。狭山事件の差別の構造は、いったいどこにあるのでしょうか。

こういった疑問に答えるためには、裁判官や捜査官の差別性を指摘するだけでなく、なによりも、弁護士自身の差別性に気づく必要があるように思われます。

わたしが、弁護士登録して、弁護士としての修業をしたのは、刑事弁護で有名な後藤貞人弁護士の事務所でした。一年二か月の修業の後、大阪市西成区で独立しようとしたとき、後藤弁護士が紹介してくださったのが西川雅偉弁護士でした。西川弁護士は、一九七三年に弁護士登録し、その年から狭山弁護団で活動してこられた方です。西川弁護士とその後一〇年以上にわたる交流のなかで、わたしは狭山事件における「差別の構造」の深さを少しずつ学ぶ機会を与えられました。西川弁護士は、「謎解き狭山事件」という論考で、狭山事件の「差別の構造」を示しておられます。そこに浮かび上がる差別の真相は、市民に潜む差別の心理が、権力の自己保身と結びつくことによって、なかば無意識のレベルではたらく「構造悪」（デモーニシュ性）であるということです。

描きだされた物語は、石川さんの弁護人たちもこの「構造悪」から逃れることができなかったという厳しい現実でした。

＊　＊　＊

一九六三年五月一日に事件は起こりました。

埼玉県狭山市、川越高校入間川分校一年生の中田さんが、何者かに誘拐され、その日のうちに彼女の家に脅迫状が届けられました。脅迫状は、識字能力の低い人の文章のようにつたない書き方でした。しかし、文章の構造・文法能力をくわしくみると、識字能力の十分ある人が「識字能力の低い人」をよそおって書いた文章であることは一目瞭然でした。その文は誤字を正字に直して再現すれば、つぎのようになります。

この紙につつんでこい。子供の命が欲しかったら五月二日の夜一二時に、
金二〇万円女の人が持って佐野屋の門のところにいろ。
友達が車でいくからその人に渡せ。
時が一分でも遅れたら子供の命がないと思い。
警察に話したら子供は死。
もし車で行った友達が時間どおり無事に帰ってきたら、
子供は一時間後に車で無事に届ける。
繰り返す。警察に話すな。
近所の人にも話すな。
子供死でしまう。
もし金を取りに行って、違う人がいたら
そのままかえてきて、子供は殺してやる。

身代金誘拐のために必要な情報を、なんの文の基本構造の欠陥もなく描いています。ほとんどがボールペンで書かれていますが、宛名と日時を万年筆で訂正していますので、万年筆を使用できる環境にある人だということもわかりました。しかも、万年筆の字は、中田さんの愛用していた万年筆のインク、ライト・ブルー（青）ではなく、ブルー・ブラック（黒）で書かれていました。

捜査機関は、字の書けない石川さんの犯行ではないことは、当初からわかっていたのです。捜査機関が目をつけたのは、少し前に石川さんが働いていた養豚場の経営者でした。彼は被差別部落出身者でした。この思い込みが、「養豚場関係者」という犯人像として維持され、捜査機関を冤罪事件にのめりこませていきました。

心配して車で捜しにいった中田さんの兄が帰宅してしばらくした午後七時半ごろ、玄関の引戸の間に脅迫状が差し込まれていました。脅迫状は、封筒に入っており、そのなかには中田さんの学生証が同封されていました。そして、中田さんが乗っていった女性用の自転車が、納屋のなかに立てかけてありました。犯人は、三〇メートル以上も道路から入った母屋まで、気づかれずに、このような大胆な行動にでました。中田さんの家族は、このお兄さんとお姉さん、そしてお父さんでした。お母さんは亡くなっています。脅迫状に「女の人」とあるのは、お姉さんのことです。「違う人がいたら……子供は殺してやる」と書いてあったため、顔見知りの犯行が疑われました。

五月二日の深夜一二時に、女性の警察官ではなく、いやがる中田さんのお姉さんを身代金の受け渡しのために、佐野屋まで出向かせたのも、警察がこのような犯人像を描いていたからにほかなりません。しかし、周到な手配をしたにもかかわらず、身代金を受け取りにきたはずの犯人を警察は取り逃がしてしまったのです。同じ年の三月末に東京で発生した吉展ちゃん事件でも、警察はまんまと身代金五〇万円をせしめられていました。犯人を続けて取り逃がした警察の威信は、地に堕ちることになりました。

しかし、狭山事件では、事件から二〇日後の五月二三日、狭山市内の被差別部落に居住する石川一雄さんが逮捕されました。石川さんは逮捕後に否認を続けていたのですが、いったん釈放され再逮捕された後の六月二〇日に自供をはじめ、その自白にもとづいて、二一日には被害者所有の鞄が畑のなかから発見されました。それだけではありません。同様に二六日にはなんと、石川さんの自宅から被害者の万年筆が発見されました。七月に入って、被害者の時計も、石川さんが自白した場所の近くで民間人に発見されるという事態に発展しました。

刑事事件において決め手となるはずの、自白による「秘密の暴露」といわれる事象が狭山事件には三件もあります。しかも、浦和地方裁判所で石川さんに死刑を宣告する判決が出るにいたるまで、石川さんは自白を維持したのでした。このような経緯をみれば、これほどたしかな証拠がある事件はほかにはないと思われるかもしれません。しかし、それでも石川さんはどう考えても、無罪であるとしかいえないのです。

狭山事件の難しさは、つぎのような究極の選択をわれわれが迫られていることによるのだと思います。

つまり、捜査にどのようなうさんくさいことがあろうが石川さんが真犯人であるのか、それとも、捜査機関が狭山警察署も埼玉県警も検察庁までも組織ぐるみで、「石川さんは無罪である」と知りながら、あえて彼を真犯人に仕立てるように証拠のでっちあげをやったのか。そのどちらかの選択肢しかないのです。

個々の警察官が過ちを犯すことはあっても、まさか、警察と検察の法執行機関がそろって、無辜の民を死刑にしてまで自己保身をすることなどない。市民はそう信頼しているのではないでしょうか。そのような信頼があるからこそ、市民社会が維持されているといえるかもしれません。そして、その信頼の必要性からすれば、ほんとうの意味で、法執行機関より石川さんを信じるのは無理ではないかという絶望が、ここでも頭をもたげてきます。

しかし、被差別の体験を共有していた人たちにとっては、問題はそのように複雑ではありませんでした。日常の生活のなかで、いかに警察が、部落の人びとを虐待してきたか。狭山事件にかぎらず何か事件が起きると、必ず「あの連中がやったんだ」とまず疑われてきました。だれでも、一度ならず自分や家族が犯人ではないかと疑われた、しんどい経験をしています。そして、決定的なのは、「差別の構造」を経験として受けとめる力の共有です。石川さんは、義務教育さえ修了できない差別の構造のなかで育ちました。識字の困難さを経験した人びとは、「文字」に簡単に精通した人よりはるかに、石川さんがあの脅迫状をかけるはずがないことを、経験として実感できたのです。

この実感は、残念ながら、弁護士がもっとも重要な役割をはたす捜査段階において、弁護士には共有されていませんでした。

石川さんは恐喝未遂などの嫌疑で五月二三日に逮捕され、勾留延長を経て、六月一三日に身柄拘束の満期を迎えました。捜査機関が強制的に捜査をできるのは、この二三日間に限定されています。石川さんは二三日間否認を続けました。六月一三日に別件で起訴されたものの、保釈が認められ、六月一七日に釈放されました。どんなに捜査機関が歯ぎしりしても、この日に、石川さんと狭山事件の関係は終わるはずでした。しかし、埼玉県警は、その場で石川さんを再逮捕したのです。

法の限界を超えた、この埼玉県警の決断は狭山事件の悲劇を決定づけました。二三日間、否認しつづけることがどれだけ難しいか。想像を絶するものがあります。もし、逮捕されても無実なら自白なんかしないだろうと思われている方がいたら、それは自白追及ということをまったくわかっていないとしかいいようがありません。

石川さんは、二三日間ともかくもがんばり通したのです。石川さんを支えていた、釈放されるという希望がやっと実現したその瞬間、警察は、残酷にも再逮捕したのです。石川さんの陥った絶望を思うと、胸が締めつけられます。実際、石川さんは、六月二〇日に三人犯行供述を、二三日には単独で犯行したという供述をはじめました。この間、弁護士は、二二日に接見してから、二六日の午後三時まで、一度も接見できませんでした。いちばん肝心なときに、弁護士は石川さんの傍にいることさえできなかったのです。もちろん、これは、捜査当局の違法な接見指定があったからです。したがって、弁護士をこのこと自体で責めるわけにはいきません。

しかし、西川弁護士は、このときの弁護士のミスが決定的であると指摘しています。六月二六日に弁護人が接見した際、すでに石川さんは単独犯行の自白をしていました。しかし、泣きじゃくりながら、弁護士にこう言ったというのです。

脅迫状を届けにいったのは、おれじゃないんだ。

これは、警察にはめられ、兄を犯人と思わされ、兄をかばうために、自分一人でやったと言ってしまった石川さんが、弁護士にも無罪だと言えず、それでも、何とか犯罪の一部を否認することで、無罪を訴えた悲痛な良心の叫びでした。

しかし、脅迫状を石川さんが書けたはずはないという実感を共有できないでいた弁護人らに、この叫びはまったく届きませんでした。もし、この実感があったなら、弁護人としてそのときやるべきことはたくさんあるとわかったでしょう。石川さんが第一審で自白を維持したのは、裁判所がおこなった現場での検証にまったく立ち会わず、弁護人の被告人質問に対しても、ほとんどまったく応答しなかったという、きわめて不自然な経緯を経てのことだからです(3)。そして、なによりも大事な弁護人と被疑者の信頼関係をつなぎとめることができたのではないでしょうか。

＊　＊　＊

狭山弁護団の第三次再審の準備をはじめるため、わたしは、石川さんと狭山弁護団事務局の安田聡さんと一緒に、はじめて狭山現地を訪れました。被害者の中田さんの家の傍まで行ったとき、石川さんが悔しそうにこう言いました。

私は、仮釈放の条件として、中田さんの家の傍に近づいてはいけないことになっています。こんな屈辱はいまでも続いているのです。弁護士もしっかりしてくれなきゃ。

石川さんは、第一審の被告人質問で、検察官の質問には答えました。そして控訴審の第一回で、裁判長の許可も受けずに、「これは弁護士とも相談してないけど」「殺していないんだ」と無罪の主張をしました。そのとき、石川さんは、弁護士に相談すればむしろ邪魔されると考えていたのだと思います。

われわれ弁護士を含めた法律家は、石川さん、そして彼と同じ立場にある人たちの信頼を回復しなければなりません。それが、どんなに困難な課題であっても、あきらめるわけにはいかないのです。われわれが社会の構成員であることから逃れられない以上、その社会がもつ「構造悪」である「差別」を認めるかぎり、われわれは自分自身の人間性を深く傷つけつづけることになるからです。石川さんの悲劇は、「差別者」である警察官を含めた、われわれ一人ひとりの悲劇なのです。さらに、裁判官、弁護士を含めた法曹、大多数の市民は、「文字が読めない、書けない」石川さんの悲劇を理解することさえできなかった。この事態をわたしたちはどう考えたらよいのでしょうか。言葉と文字、これらはいったい何者なのでしょうか。本章では最後に、この問題について考えておきたいと思います。

バベルの「神話」

世界中は同じ言葉を使って、同じように話していた。（創世記一一・一）

旧約聖書の創世記にあるバベルの塔の神話を、聖書記者はこのように書き出しています。しかし、「天にも届く塔を作り、有名になろう」という人間の高慢な試みを阻止しようと、神は人間の言葉を混乱させ（ヘブライ語でバラル）、ひとつの民族だった人類を全地に散らしました。もちろんこれは、多言語、多文化、多民族が地球上に存在することを説明する、ひとつの「神話」です。しかし、「神話」には、日常言語では表現できない、人間の無意識のレベルに属する真理の深さを伝えるという重要な機能があることも忘れてはなりません。ここでは、ラインホールド・ニーバーによる「バベルの塔」の解釈を参照しながら、この神話に含まれている真理について考察したいと思います。

「バベルの神話」のなかで神は、「一つの民で、皆一つの言葉を話している」人類が、「何を企てても、妨げることはできない」（創世記一一・六）という警戒心を表明します。神はここでは、サンタクロースのような好々爺ではありません。人間の想像によって創出された、人間にとって都合のよい存在ではないのです。人間の企てに嫉妬する妬み深い神です。それは、ちょうど、ギリシア神話に登場する「人間に火を与えることを、妬みから、阻止しようとする」ゼウスのようです。「天にも届く塔のある町を建てる」（創世記一一・四）というのは人類普遍の傲慢さであると、ニーバーは指摘します。塔の建設は、土地と時間に拘束され、死すべき定めの有限性を生きる人間が、自分たちの文明を築こうとする営為です。そして、そこには自分たちの文明をつねに「永遠の文明」にしようとする思いが潜んでいるからです。ニーバーによれば、たんなる個人的な高慢や名誉欲を超えた、人間の「自己超越の営み」に潜在する悲劇を意識化させようとするところが、この神話の深さです。

ギリシア文明、ローマ文明、中世キリスト教文明、近代ブルジョア文明、ロシア革命以降のプロレタリア独裁――。これらの文明はいずれも、有限性を超えようとする人間の素晴らしさであると同時に、自己の文明を「永遠の文明」それ自体と思い込んでしまう人間の悲劇でもあり、この「バベルの神話」はその悲劇性を象徴しています。

たとえば、ローマカトリック教会の支配のもとに統一されていた中世ヨーロッパにおいて、「正当な価格以上で売ることは罪である」「利息を取ってお金を貸すことは罪である」という道徳が、普遍的なキリスト教道徳として説かれたことを、ニーバーはそのひとつの例として提示します。この当時、支配者層である聖俗の封建諸侯は、都市の商工業者から品物を買う消費者であり、商人から融通を受ける借り手だったことを考えると、これはたんに支配者層にとっての正義にすぎません。支配者の道徳にすぎないものが、「普遍的キリスト教道徳」を僭称していました。ここでのニーバーの主張の力点は、「バベルの塔」を建てつづけているのは、一部の高慢な人びとだけではなく、文明の最良の部分を担う人を含めて、「自己超越」をおこなうすべての人間であるということです。ニーバーは、「バベルの塔」を、人間の無意識に存在している「原罪」であると解釈します。「妬み深い神」というイメージは、自己を神とひとしくしようとする「原罪」をもつ人間が、超越者、創造者である神に抱いた恐怖を表象化したものにほかなりません。(4)

このようなニーバーの「バベルの神話」の解釈は、中世末期、一六世紀中葉に活躍した、画家ブリューゲルによって描かれた「バベルの塔」という油絵(一五六三年、ウィーン美術史美術館所蔵)の表現とみごとに合致しています。ブリューゲルの絵には、伝説上のニムロデ王が、ひれ伏す石工に怒りをもって命令している姿があります。それと同じくらい繊細で生き生きとした姿で、「中世の摩天楼としての巨塔を、営々と築き上げていく無数の民衆の姿」が表現されています。民衆の姿は、港町や、尖塔をもつ教会を中心とした中世の町並み、田園風景、荷馬車が荷物を運びながら門をくぐっていくところ、海辺の保養地にいたる海岸線と街道など、描かれた世界のすべてにみつかります。「バベルの塔」の建設の営みが、中世文明全体の営みであることが、「臨場感」をもって描かれているのです。(5)

人間の「原罪」に神が下した罰は、「彼らの言葉を混乱させ、互いの言葉が聞き分けられぬようにしてしまおう」（創世記一一・七）というものでした。

＊　＊　＊

言葉は、どの人間社会においても、大人から子どもへ伝えられていきます。ニーバーによれば、母親が赤ちゃんへ話しかけつづけることでなされる言語の習得は、どのような言語理論にもとづく語学教育でも再現できない、「神秘性をもった」人間性獲得の過程です。そうすると、赤ちゃんがしゃべるようになる前に発している音声が人類の共通言語であるとでも考えないかぎり、もともと言語がすべて同じであったということは「神話」としか考えることができません。

そして、われわれがどのような英知を身につけて、みずからを賢いとうぬぼれたとしても、自分がまったくわからない言語の世界に接するときには、自らの力の限界をはっきり感じざるをえません。言語の多元性こそ、われわれが自己の有限性を忘れ、無限性を僭称しようとするとき、その限界を思い起こさせるもっとも明確な事実なのです。

「バベルの神話」の人間性についてのもうひとつの真理は、この有限性に関連していると思います。言語の多元性という人間への限界設定は、「自己超越」をしようとする人間の無意識の「原罪」に課せられた「罰」でもあります。その「罰」は、同時に、人間が他者を支配し、奴隷にしようとすることに限界をもうける安全弁でもあったのです。

民族抹殺政策としての「皇民化」教育

以上が、ニーバーによる「バベルの神話」に対する解釈です。

わたしたちの社会も、「大東亜共栄圏」「八紘一宇」という「バベルの神話」にとりつかれたとき、まさに「バベルの神話」の悲劇に陥ったことが想い起こされます。ひとつの言語を話し、ひとつの民族を担い手とする国家建設のために、日本が侵略戦争遂行に際して、ほかの民族を抹殺しようとした歴史に徴すれば、この神話が語る真理の深さを、われわれは気づかざるをえないのではないでしょうか。

日本は、自己に対する限界設定を乗り越えて、他民族の言語そのものを禁止し、自民族の「言語」を押しつける傲慢を犯しました。侵略による植民地化以降、朝鮮半島で、アイデンティティの根幹にある「氏名」を奪う「創氏改名」とならんで、朝鮮総督府は、朝鮮語の使用を禁止し、日本語を強制する「皇民化」教育をおこないました。これが、朝鮮独立のための抵抗を抑圧するもっとも直截な支配の手段だと考えられたのでした。卞さんの被差別の体験に参与し、彼女が東大阪市に対して裁判を提起するよう励ましたのは、日本基督教団布施教会の金顕球（キム・ヒョング）牧師でした。彼も、国民学校の児童として、「皇民化」教育の犠牲となった経験をもっています。

朝鮮総督府は、朝鮮神宮をつくり、遥拝させました。それだけでなく、「天照大神」の札を朝鮮の各家庭に配り、神棚を設置して、拝礼させようとしました。そして、朝鮮半島においても、国民学校というかたちで初級教育を徹底させ、校長は朝鮮民族以外の「内地人」、一年の担任も「内地人」に限定しました。生徒に対し、これら日本人教師は、勝手に「今日からお前は、キムではなくキンだ」と相談もなく苗字の読み方を押しつけ、つぎの年には「キンではなく、金田である」と、民族名も抹殺したのです。あわせて「一郎」「二郎」などという、名前まで与えました。国民学校では、日本語がわからない子どもは、文字どおり動物扱いしました。しかも、軍事教練をおこなう軍人が各国民学校に一人派遣され、「体罰」という名の暴力を振るいつづけたことは、「皇民化」教育が侵略戦争の遂行者を育てる目的であったことを如実に物語っています。

金牧師はわたしに、子どもたちから文字を奪うことは、乳飲み子から母親の乳を奪うのにも似た暴挙と、言われました。

さらに、文字の強制は、犠牲者の生涯を通して、後年まで破壊的効果をもちました。文字を獲得するためには、系統的な語学教育を受ける必要があります。習得する側は、「文字」を使用することができるまで、一方的な長期の沈黙を強いられます。このレベルでの言語教育は、「強制」の契機をともなわざるをえません。そこには、政治が介入しやすい状況が、本来的にあるのです。この文字獲得の過程においてもっとも重要な時期である初等教育の時期を、日本がおこなった「皇民化」教育時代に過ごした人びとのなかには、日本の敗戦後、日本語を話すことがなくなり、日本語を話す能力をほとんどなくしてしまっても、ハングル文字を読んだり、書いたりすることができない人が数多くいます。破壊的効果のもっとも悲惨な犠牲者であると思います。

詩人の金時鐘（キム・シジョン）さんは、一七歳で一九四五年八月一五日を迎えたときのことを、つぎのように綴っています。

恥ずかしい話が、私は文字で自分の国の言葉のアイウエオのアも書けない少年だったのです。歴史的に一九三八年といいますから、日本の年代では昭和一三年に当たりますが、その年から、朝鮮では教科書から「朝鮮語」がなくなります。そして朝鮮語そのものの使用を禁じられるのは一九四〇年、かの太平洋戦争が終わる五年前から朝鮮語を公に使うことは朝鮮総督府の施策としては違反でありました。

（金時鐘『「在日」のはざまで』二九頁）

夜間中学に通って識字学習をした卞さんも、朝鮮総督府がおこなった土地収奪によって、両親と一緒に大阪にこざるをえませんでした。ハングルを奪われ、日本で育つことになりました。日本名を通名として使い、日本語を覚えましたが、学校教育からは排除されていたため、日本語の読み書きをできない境遇におかれたのです。卞さんの生きた時代の根本には、「大日本帝国＝八紘一宇」という名の、「バベルの塔」の営みがあったことを、わたしたちは心に銘記する必要があるのではないでしょうか。

彼女と一緒に闘いを起こした日本人女性もまた、「バベルの塔」の建設のための戦争の犠牲者です。文字を獲得できなかったため、生涯辛酸を舐めてきました。その日本人の彼女が、卞さんと一緒に闘えたのは、日本人ばかり相手にする学校当局に対し、自分が無意識に乗せられてしまったことに対し、心から卞さんに謝罪したからでした。

被差別者が同時に差別者であることを認める勇気をもっていたのです。

「差別の構造」は複合的です。

わたしたちは、被差別者となるだけでなく、つねに差別者の論理に絡めとられ、「差別者」となる危険を生きているからです。だからこそ、卞さんや、石川さんの叫ぶ声を聞くことがほんとうに大事なことであり、それ以外に、われわれの社会のデモーニッシュな差別構造に名前をつける方法はないのではないか。そして、それが正義論の中身であるということが、本章がたどりついた結論です。

閑話休題 I 「知識人」とは何か

本章では、「文字」の世界から排除された人びとにより、対話の相互性を回復する過程で紡ぎだされる「新しい物語」の重要性について論じました。「新しい物語」は、主体性の回復だけではなく、われわれの社会の差別構造を浮き彫りにする可能性を孕んでいるのだと思います。

それでは、「文字」の世界を操る術を習得した、いわゆる「知識人」と呼ばれる人びとの役割はどのようなものなのでしょうか。エドワード・サイードがいうように、「文章を公にすること」が

「知識人」の定義だとしたら、「知識人」の文章は何のために書かれるべきなのでしょうか。わたしも、三〇年近く文章を公にしてきました。自分自身を含めて、ものを書くことの意味自体を問うのが、本書を書き下ろしたもうひとつの動機でした。

＊　＊　＊

桃山学院大学名誉教授の沖浦和光先生を通じて知り合った、千本健一郎さんとの十数年にわたる対話のなかで、わたしは「ものを書くことの意義」を考えさせられてきました。

数年前、千本さんから、久しぶりにお便りがありました。朝日新聞社を退職してから、朝日カルチャーセンターで「文章（綴り方）教室」の講師をしていると書いてありました。そして、受講生の文章を収録した小冊子が添えられていました。そのなかで、千本さんは、つぎのように述べています。

地獄までが果てしない入れ子細工になっているかにみえる。……多様な被害者から始まって傍観者までが、否応なく加害者側に組み込まれ、最低辺の被害者を押しつぶす役割を負わされている。しかもその多様な被害者や傍観者自身、加害者の都合でいつ、なんどき、最低辺の被害者、つまりは死者の側に立たされるかわからないのだ、と。……そのせいか「グレイ・ゾーン」という概念が妙に身近に感じられる。加害、被害の二項対立の奥にある、この領域に踏みこむことなしに、二十世紀に大きな刻印をのこした強制収容所的状況の理解、ひいては現代の重層的な差別・被差別の把握に近づくことはできないのではないか。

（千本健一郎「灰色の領域」『千本文章教室四五作品集』）

入れ子細工という、何重にもなっていて、蓋を開けるとなかに別の容器が入っていることを、差別の複合性の比喩として使っているのでしょう。とても気になる言葉でしたから、いつか千本さんにお会いしたとき真意を尋ねてみようと思っていました。その願いは、二〇〇九年春、あるシンポジウムで実現しました。シンポジウムで、千本さんは沖浦先生と一緒に、パレスチナ問題について報告をしました。そこで、千本さんが長年専門としてきたイスラエル史の視点から、興味深い話をされました。わたしもシンポジウムに、コメンテーターとして参加しましたが、わたしの記憶では彼はつぎのように話したのです。

わたしは、旧満州、現在の中国東北地方の満蒙開拓団の家族のなかで育ちました。わたしたちの暮らしが、周囲の人びとの土地や田畑を奪っていることによって成り立っていることを、子どもながらに理解していました。

中国残留孤児の例が示すように、敗戦時に、わたしたちは旧満州からの引き揚げに際し、筆舌に尽くしがたい苦難を経験しました。その苦難を語った小説のいくつかはベストセラーになりましたが、わたしは素直にそのような小説を読んだり、自分自身の苦難を語ることができませんでした。その苦難がなぜ生じたのかに思いいたらざるをえないからです。

わたしがパレスチナの「イスラエル問題」に興味をもち、いくつかの本を翻訳してきたのも、まさにイスラエル国家がわたしたちが旧満州でおかれていた状況、つまり、周囲のパレスチナ人の土地や田畑を略奪して自分たちの「生存」を支えざるをえない立場に立たされているからだと思います。

わたしは、そのような状況で「生存」せざるをえないことの意味を「問わ」ざるをえないのです。


被差別者が同時に差別者になるという「差別の入れ子細工」は、千本さん自身にとってアイデンティティの相克の問題だったのです。その問題提起を受けとめていくことが、「知識人」の役割ではないかと思うようになりました。

そのシンポジウムのだいぶ前に、枯木灘を走る車のなかで、千本さんに何かの折に、「リア王」のコーディーリアの台詞にある「愛して、そして、黙っていよう」というのは素晴らしいですねと、話したことがありました。そのとき千本さんは、つぎのようなひとつのエピソードを話してくれました。

ユダヤ系ジャーナリストにコーディーリアという女性がいるんだよ。わたしたちと一緒にパレスチナの難民キャンプを取材したとき、一人の難民が怒りのあまり「アウシュビッツというのはイスラエル建国の口実にすぎない」ということを口走ったんだね。わたしはそれはいいすぎだと思ったが、彼女は黙って聞いていたよ。じつは彼女は収容所の生き残りの一人なんだ。後で黙っていた理由を聞いたら、彼女はとても厳しい調子でこういったんだ。

「筆舌に尽くしがたい苦難を経験している人たちが語ることは、黙って聞くべきなのです」。

エンちゃん、まさに「コーディーリアは、愛して、そして、黙っていよう」だよ。

本章で取りあげた事例において「差別の入れ子細工」が重要な鍵となっています。夜間中学で同じように差別と抑圧を受けても、学校側は日本人とだけ交渉し、卞さんは交渉相手にもされませんでした。中上でさえ、自分の「路地」以外の場所の差別の構造を描くことに絶望せざるをえませんでした。狭山事件において、石川さんのおかれていた「窮状」を、代理人であるはずの弁護人が理解できませんでした。

このような複合性への理解が、「知識人」として文章を公にする者の必須の条件であるのだと千本さんは、教えたかったのかもしれません。

(1)大阪地方裁判所民事二二部平成一一年(ワ)六七四〇号謝罪広告掲載等請求事件。卞さんは、丸尾幸登代(ことよ)さんという同級生と一緒に、みずからの苦しみの深さについて、日本基督教団布施教会の金顕球(キム・ヒョング)牧師に相談しました。金牧師は、熊野勝之弁護士を卞さんらに紹介しました。わたしは、この事件を熊野弁護士から依頼され、二人で担当しました。この事件についての判決は、判例タイムズ一一〇六号一四一頁に掲載されています。

(2)この事情については、高山文彦『エレクトラ——中上健次の生涯』(文藝春秋、二〇〇七年)三四六頁以下。

(3)西川雅偉弁護士は、確定前第二審で詳細な証言をおこなった中田直人弁護士(捜査段階からの弁護士)の、単独犯行供述直後の石川さんの様子についてのつぎのような証言に着目するよう促します。

「従来と全く変った様子でした。石川くんは、私どもが会っている間、殆ど泣き通しだったという記憶です。そして泣きじゃくりながら、わたしどもが、警察にどういう話をしたのかということを聞きますと、ぽつりぽつりとは言いました。ただ特に印象が深いのは、といいますのはどういうことなのか不思議に思ったのですが、そういう話の中で五月二日の夜のことは違うんだ地下足袋は違うんだということを石川くんは言いました。大変泣きじゃくりながら、泣きじゃくるという表現が正確かどうか知りませんが、泣きじゃくりながら、言っていることで、よく聞き取れない言葉がしばしばあったんですが、……五月二日の晩は違うのだと、私共に言うのはどういうことだろうかというふうに考え、大変とまどったことを覚えています」(西川雅偉(ペンネーム「田西我意」)「田螺貝のひそひそばなし『なぞとき狭山事件(三二)』」蒂文庫第三三号一二八頁(二〇〇八年))。

西川弁護士によれば、このときの石川さんの叫びを、論理的には矛盾しているにせよ(あるいはだからこそ)、彼の「無実の叫び」として弁護人は聞くべきであったのです。石川さんの虚偽自白は二段階に分かれていました。最初は、三人でやったという供述です。脅迫状を届けにいったという嘘をついたものの、殺したのも、強姦したのも、脅迫状に指定されている佐野屋に五月二日の晩に赴いたのも自分ではない、ということを繰り返しました。捜査官も脅迫状を石川さんが書けるはずがないから、単独犯行とは見ていなかったことをこの「三人犯行供述」は示しています。

しかし、一旦警察に迎合して、虚偽の自白をしてしまった石川さんに、さらに恐ろしい罠が待ち構えていました。警察は、佐野屋付近で採取した地下足袋痕が、石川さんの家から押収した、兄六造さんのものであるという鑑定結果を、この時点で握っていました（その地下足袋痕が本当に犯人によってつけられたものか、地下足袋痕と地下足袋が一致するか、後で大いに疑わしいことが判明しますが）。そうすると、もし、佐野屋にいったのが石川さんでないなら、兄六造さんということになってしまいます。兄のを借りていったと言い訳したところで、それでは兄も仲間なのかという追及を受けることは必至です。精魂尽き果てて、警察に迎合した結果言わされた「三人犯行供述」は、兄を「犯人」に引き込むか、自分が全部やったのだというかの恐ろしい絶望状況に石川さんを追い込んだのでした。

石川さんは、それで「単独犯行」というまったくの「嘘」をつかざるをえませんでした。このときの絶望状況を思うと、胸が締めつけられます。

「単独犯行」供述後の六月二六日、弁護人に接見した石川さんが、「五月二日の晩に佐野屋にいったのは俺じゃないんだ」と泣き叫んだのは、警察に迎合させられ、兄を庇うために「単独犯行供述」という嘘をつかざるをえなかった石川さんが、弁護士にも本当のことを言えなくなった状況でおこなった精一杯の「真実の叫び」であったのでした。

以上の点について詳しくは、西川雅偉（ペンネーム「田西我意」）「田螺貝のひそひそばなし『なぞとき狭山事件（二七）』」蒂文庫第二八号一一九頁以下（二〇〇七年）に論証されています。

（4）Reinhold Niebuhr, “Beyond Tragedy: essays on the christian interpretation of history”, Nisbet and Co., 1938, pp. 27-46.

（5）毎日新聞社『聖書美術館一』（一九八四年）には、ブリューゲルの絵に対するコメントとして、「中世の摩天楼としての巨塔を、営々と築きあげていく無数の民衆の姿。寓意性よりは建築現場の臨場感に醍醐味がある」と書かれています。

第2章
人間の尊厳について

てきました。

象徴に対する抵抗

第一章では、市民社会において対話の相手から排除されることは、人間性の喪失であるととらえてきました。

「対話の相互性」からの排除の典型は、「文字の喪失」です。

裏返せば、識字によって文字を回復することは、主体性の回復であることになります。

「文字の喪失」状態から「文字」を回復する――。それ自体がたいへん困難なことはいうまでもありません。さらに、その獲得された「文字」によって「文字の喪失」が示す人間性の喪失状態を表現することも、絶望的に困難なのです。にもかかわらず、この困難と絶望を超えて紡ぎ出された「新しい物語」は、排除されている人びとには抵抗そのものであり、「排除する側」にいる人びとにとっても人間性の回復にとってきわめて重要な意味をもちます。なぜなら、人権の中核にある人間の尊厳を傷つけることは、他者と自己が共有する何かを傷つけているからです。

そして、「文字」は、文字を使用する範囲の人びとのあいだで成り立つ対話の相互性だけを保障し、「文字の喪失」状態にある人びとを排除する存在でもあります。社会を統合しようとする象徴としての「文字」ゆえ、「一人前」とはみなされない人びとを排除するために使用されつづけてきたのです。この統合と排除の機能こそ、注視しなければなりません。

日本国憲法は、「日本国及び日本国民の統合の象徴」として「世襲による天皇」という特殊な人物を規定しています。一九九九年には、日章旗と君が代が、国家統合の象徴として成文化されました。その年の政府統一見解では、国旗・国歌法が制定されても、「子どもに強制されることにはならない」としていました。しかし、現実には、卒業式・入学式で君が代斉唱という象徴の強制がおこなわれ、教育現場で教師が処分される事件が相次ぎました。

わたしが生まれ育った山梨県では、小学校でも、中学校でも、高校でも、当然のように日の丸が掲揚され、君が代が斉唱されていました。憲法学者として「良心の自由」を教えるようになって、この問題点を理論的には理解したつもりでした。しかし、「良心の根幹」にいたる魂の管理の問題であると気づいたのは、国歌・国旗がある入学式、卒業式に抵抗する教師たちの闘いにかかわったことによります。

弁護士になりたてのころ、大阪府北部の高槻にある小学校の卒業式でおこった事件を受けもつ機会を与えられました。

その小学校で働く荒井和江先生は、六年一組の担任でした。卒業式で、校長に卒業証書を手渡す補助作業は担任の仕事です。荒井先生が生徒の名を呼び、生徒が「はい」と返事して、前に進み出て、校長から卒業証書を受け取るという段取りです。一番の女生徒の名前が呼ばれる前に、荒井先生は、校長に対し、「日の丸の下で、生徒を卒業させたくありません。屋上にある日の丸を降ろしてください」と迫り、結局、校長は教頭に指示して、日の丸を降ろさせました。

教職員組合は、式場に日の丸を持ちこませないが、だれにも見えない屋上に掲揚することで教育委員会と妥協していました。しかし、荒井先生は、「子どもたちにそのような大事なことを知らせないまま、子どもたちが主人公であるはずの卒業式をさせることはできない」、そう考えたのでした。荒井先生がこう考えた背景には、子どもたちは、自分の判断で「命と良心にかんする事柄」を選択しなければならないという確信があります。〇一五七による食中毒事件の際に、給食の安全性が見きわめられる前に給食が再開されたことに抗議し、荒井先生は、自分では給食を食べず、生徒にも自分で考えて判断して、食べるか食べないか決めなさいという指導をしていました。この件がマスコミに報道され、教育委員会は荒井先生を処分しようと考えはじめていたようです。卒業式で校長が荒井先生の主張を容れ、日の丸を降ろしたところ、卒業式を混乱させたという理由で六か月の停職処分を受けました。荒井先生は、この処分を不服として大阪府人事委員会に異議を申立て、口頭審理がおこなわれました。わたしは、彼女の代理人の一人として、事件を担当することになったのです。

日の丸・君が代は、「先生がこういうからしたがいなさい」「学校がこう決めたからそうしなさい」という事柄を示すシンボルです。荒井先生は、命にかんする事柄、良心にかんする事柄については、命令や規則にしたがうのではなく、自分自身の判断が大切だということを口頭審理で主張しました。

＊　＊　＊

荒井先生のほかにもう一人、シンボルへの抵抗の大切さをわたしに教えてくれた教師がいます。豊中養護学校の田中直子先生です。

田中先生は、大阪府教育委員会による懲戒処分を争う人事委員会の口頭審理において、「国のために役に立つ」という考え方が、自分なりに生きていく生き方そのものを否定するのであり、それは障害児教育の終焉をもたらすものであると、力強く証言されています。その証言のうち、ここでは、二〇〇六年四月二一日の大阪府人事委員会における田中先生の証言に耳を傾けてみたいと思います[1]。

代理人　卒業式の予行のときに申立人が日の丸を持ち出そうとした。これは結局どうして持ち出そうとしたことになるのですか。

田中　式場内に日の丸が掲揚されるのを見た途端、本当に腹が立ちました。体が震えるほど腹がたちました。

代理人　その「腹が立った」というのは何に対して、それほどの体が震えるほどの怒りというものを感じたのですか。

田中　予行の時に日の丸を掲揚するなんていうことはおよそあり得ないことなわけですね。その日の丸をあえて掲揚したというのは、その直前の朝礼で、校長が職員に対して「大阪府教育委員会の指導を受けたので式場内に日の丸を掲揚する。国家斉唱は式次第で行う」ということを、有無を言わせずに教職員に納得させるためにしたのだと思うんです。**つまり上からの命令には、おまえら従うしかないんだぞということを、その時に壇上の日の丸に語らせたのだと**

思います。

代理人　上からの命令に教員が従うしかないという状態になったときに、教育というものは子どもにとってどういうものになると考えておられますか。

田中　教育は終わります、それで。教育というのは子ども自身のために、子ども自身の発達を保障するために行うものです。教員が上からの命令に従うことしか考えなくなったときに教育は終わります。……だから私が、教員は上から抑えつけられたからといって屈服するものじゃない。つまり不服従の印を示さなければ誰も示す人がない、そう思って行動しました。

代理人　その「不服従」という言葉ですね、これが具体的に何に対する不服従なのか、これを少し説明していただけませんか。

田中　教育というのは子供自身の成長のためにあります。それを国家のためということにしてしまった時に教育の意味はなくなります。でも健常児のための学校だったら、その子は例えば国家のために役に立とうと思って尽くすことで、その子なりの幸せとか達成感が得られることがあるかもしれません。でも、養護学校に、障害児教育に国家主義が入ってきたら養護教育、障害児教育は終わるんです。否定でしかないんですね。だから国家によって踏みにじられる。子ども達が日々一生懸命、本当にしんどい状況のなかでも頑張って学習活動をしていることが国家によって踏みにじられて、おまえらはどうでもいいんだと、おとなしくしていればいいんだと言われることにつながるような気がしました。

（代理人は奥山泰行弁護士）

田中先生は、卒業式の予行演習で掲揚されていた日の丸を持ち出そうとしましたが、校長の職務命令で止められてしまいました。彼女は、予行演習から退席し、職員室で辞職を決意します。しかし、職員室にいた同僚に引き止められ、つぎの新入生が中学に入学し、その子たちが卒業する三年間は自分がなすべきことはやろうと、決意したのでした。

その三年間で田中先生は、卒業式、入学式で抵抗を実際の行動として示しました。田中先生がまず憤りを感じたのは、生徒に付き添って介護している教師や保護者が立てば、生徒もそれにつられて自動的に立ってしまうことでした。そこで、保護者が付き添っている入学式では、「保護者のみなさん、無理に立たなくていいんですよ」という趣旨の発言をしました。教師たちが付き添っている卒業式では、「わたしは日の丸・君が代に反対です」といって退席するという行動に出ました。先生が在籍しているあいだは、入学式、卒業式で生徒が立つということは、ほとんどまったく起こりませんでした。しかし、その代償として、戒告処分を受けました。

田中先生が入学式、卒業式の日の丸・君が代に抵抗した理由は、障害児教育についての教師としての責任からです。彼女は「障害」とは何かについて、日々の学校生活を通して肌で知りました。道を一緒に歩いていると、生徒が急に立ち止まる。ふだん先生たちが気づかない、道のわずかな上り下りを生徒たちは敏感に感じとり、そこにある「障害」を察知する。その「障害」を自分なりに乗り越えていくために、ボールを投げあったり、段差がある箱の上を歩いてみたりしながら、「自分なりの」発達を獲得していく。そのなかで、だんだん自信のついた生徒が、一人でお金を持って、スーパーで買い物ができるようになっていく。そんな障害児教育の実践からすると、「一人前」であることを強制すること、とくに国家のために「一人前」になれと強制することは、いちばんしてはならないと田中先生は考えたのでした。

田中先生の問題提起をどのように受けとめたらよいのでしょうか。人事委員会は田中先生の問題提起にはまったく答えず、「学校の方針と異なる不規則発言をした教師は、信用を失墜させたものであり、処分されて当然だ」というのみでした。のみならず、裁決書に、つぎのように書かれていました。

障害児である児童生徒に対して、国旗・国家への正しい認識を持たせ、それらを尊重する態度を育てようと配慮することは我が国と国際社会との関わりから見て、教育として大切なことである。

(二〇〇二年大阪府人事委員会第七号事案二〇〇七年三月二六日裁決)

田中先生の問題提起に応答する責任を怠った人事委員会にかわって、本章では、田中先生の抵抗の意味を、市民社会が象徴によってではなく、相互の信頼によって成立しているという、ジョン・ロックの社会契約論の見地に立って検討することにします。

ロックの人間像

われわれの市民社会は、そもそも、どのようにして成り立っているのでしょうか。社会に住む人間を結びつける紐帯は何なのでしょうか。

この問いに対して、「人間が生存するためには分業が必要である」という理由により、人間社会が成立しているという答えが考えられます。社会科学の典型であるとされる経済学では、長いあいだ、市場経済において自己利益の最大化をおこなうという意味での経済合理性によって社会が成立しているのだ、とされてきました。

しかし、ほんとうにそうでしょうか。

人間の社会は、人間相互の信頼（trust）にもとづいて成立しているというのが、ロックの考え方でした。いじめの経験のある人ならその切実さがわかるでしょう。人間として存在することを相互に承認するという最低限の信頼がなければ、たとえ目に見える暴力がなくても、人間は生きてはいけないのです。

ケンブリッジ大学のジョン・ダンは、貨幣や市場のような制度に対する信頼ではなく、生身の人間相互が、お互いの存在を大切にし、喜ぶ（enjoy each other's company）ことを、ジョン・ロックが中核においていたことを想起すべきだといいます。ロックの政治思想を、この点に着目して、わたしなりに要約してみたいと思います。

神は、人間を創造しましたが、その際、「自己保存」を、それぞれの心に刻みこんだという前提がロックにはありました。ロックの力点は、「自己保存」という意味の自然法の内容の確定と執行は、神の顕現である啓示によってではなく、人間が経験を吟味していけば、理性によって万人に認識可能であるはずである、ということでした。

啓示に頼ることは、人間を不安定な状態におくとロックは考えたのです。啓示がほんとうに神からのものかどうか、最終的に人間にはたしかめようがないからです。そのうえでロックは、神による人間の創造という「神話」には、人間に対する二種類のイメージがあるといいます。

ひとつは、「神の固有の被造物」(property) としての人間というイメージです。

このイメージによれば、人間は自己の生命、身体、自由を所有しているのではなく、神の栄光を現すため、またそのかぎりにおいて地上に生きる存在です。「神の固有の被造物」というイメージにとって、自殺禁止というタブーが「自己保存」の自然法の内容として、もっとも重要になっているということが重要です。

もうひとつのイメージは、「神の召使」(stewardship) としての人間の姿です。アダムとイヴの神話において人間がエデンの園の園丁であったように、植物の世話をし、動物を支配する神の召使としての人間というイメージです。

ここでもっとも重要なのは、人が人を支配するということは、自然法の内容ではないということです。人間はたがいに自由に、神に与えられた理性を行使して、聖書に啓示されているような内容の自然法を認識し、執行できるのだというプロテスタント的人間像こそ、ロックの議論の中核にあります。ロックが論敵としたロバート・フィルマーが、アダムの父としての権威を根拠に、絶対的王権を正当化したのと対称的です。

それではどうして市民社会が必要になるのでしょうか。

この答えの鍵は、人間の堕罪（fallen nature）にあります。

アダムとイヴの創造神話で、神が被造物である人間に対し、「善悪を知る、知識の実」を採って食べてはならないと命じる場面は、堕罪が神話化されたものといえましょう。ここで「善悪を知る、知識の実」とは、人間が神から離れて独自に善悪の判断をおこなうことを象徴的に示しています。「知識の実」を食べれば、人間は神から離れ、それぞれ独自の判断を下す結果、他者を殺したり、みずからの命を絶ったりするようになるのです。

神話は、人間の堕罪の性格について、深く描いています。神の足音を聞きつけて隠れようとし、たがいの裸を意識し羞恥心を感じるアダムとイヴ。嫉妬に駆られて、兄弟のアベルを殺してしまうカイン。名誉を追い求めるあまり、自ら神になろうとするバベルの人びと。みな堕罪した人間の性格です。神話というかたちで描かれた人間の振る舞いが堕罪の状況を示しています。自然法の自力執行力は、敗れ去りました。

ここから、ロックはつぎのように結論づけてみせました。人間の堕罪の結果、神との失われた結びつきを取り戻すため、人間はもはや啓示に頼れず、経験のなかで理性を慎重に行使しなければならなくなった――。だからこそ、ロックの哲学の要に、人間は堕罪にもかかわらず永遠の刑罰である地獄行きをおそれて、神の自然法を理解しようとするだろうという想定があるのです。そう考えると、ロックが、神を認めない人間を寛容の対象からはずしたことが理解できます。(2)

同意が政治的義務の根拠であるわけではない

ロックの市民政府論に対しては、必ず指摘される問題があります。いったい、いつ市民が市民政府に同意したのか、という点です。ジョン・ロールズの『正義論』(一九七一年)をはじめとして、現代正義論はこの難点を免れるために、「社会契約は仮想現実である」という主張をするようになりました。

しかし、ロックは、統治の正当性の基礎を「同意」という人間の心理状態においたのではありません。まして、仮想現実を考えていたわけでもありません。

ロックが注目したのは、人間の実際の心理状態ではなく、自然法の執行の完結性が破れた人間の堕罪の状態では、各人は「自己保存」のために、自己の自然法の判定・執行権について市民政府に信託しなければならない、という規範を負っていることでした。市民が市民政府に対しておこなう「合理的同意」(rational consent)のうち、「合理的」すなわち、自然法の制定者たる神への服従義務の方に力点があったのです。これがロックの政治的義務論です。同意にもとづいて義務が発生するわけではないのです。

そうすると、同意という心理状態が実際にあったか否かが重要なのではなく、同意の対象たる市民政府の統治の内容が、神の自然法の執行として妥当なものかどうかが決定的になってきます。「合理的な」市民政府の下で暮らし、法にしたがって生きることは、市民にとって、あらゆる日常的行為が「同意」を形成することになります。したがって、非現実的な「同意」のための集会や、仮想現実としての社会契約を想定する必要はありません。逆に、不法な侵略による統治に対する「同意」は、心理状態の実際にかかわらず統治の正当化をもたらさないのだと、ロックは主張しています。

ここまできて、ロックが、人間相互の信頼こそ、社会の紐帯であると主張したことの第一の意味があきらかになりました。それは、堕罪した人間の生活の知恵として、市民政府が設立されているという、醒めた認識にもとづく政治論です。ですから、ダンが当初主張したのは、以上のような「応用神学」とでも呼ぶべきロックの政治論を、現代にあてはめることの時代錯誤性でした。功利主義の影響で、政治論の世界から「神」が取り去られた、ベンサム以降に住むわれわれが、ロックをみずからの時代の問いに対する答えであるとすることに、警告を発したのです。

信頼の限界としての抵抗

しかし、それから二〇年たって、ダンは、ロックの信頼概念の現代的意義を強調するようになります。人間の社会を可能にしている人間相互の信頼には限界があり、その限界をどのように知り対処するかという問いが、ロックにとって、重要な課題であったのと同様に、われわれにとっても重要だというのです。

心理的、社会的、歴史的、政治的コンテクストのなかで生活する具体的人間が、市民政府を設立し、自然法の判定・執行権を信託する。しかし、その信頼には限界がある。だから、市民政府が信託に反して行動しはじめたとき、市民は市民政府に対する信託を撤回して抵抗する義務が、神への義務として生じる。それが、ロックの議論のもうひとつの中核です。この限界に対する認識と対処方法が、人間相互の信頼と不可分なかたちで社会の紐帯を形成していることが、現代においてあまりにもなおざりにされているのではないか。そこにロック思想の現代的意義があるというのです。

ロックは、人間相互の信頼を市民政府に対する信託というかたちで定式化するとともに、市民政府に対する信頼の限界の問題を、政治的義務論の「問い」として発見したのでした。そこでは、二つの重要な問いが提起されています。

第一は、神への義務をはたすため、人間が、自然法の内容として、市民政府に抵抗するべき場面についての問題です。ロックが重視したのは、先に述べた「神のプロパティ」「神の作品」としての人間というイメージでした。自分が耕しただけの土地をそれぞれのプロパティ（所有）として認めるのが、「自己保存」のための自然法の内容でした。その所有を市民政府が侵害しただけでは、抵抗権の行使は正当化されません。遵法義務が社会の紐帯であれば、正当化されなくとも、ある意味当然のことだと思います。しかし、市民政府が各人の生命を恣意的に剥奪しようとしてきたとき、人間は自殺禁止のタブーの結果、市民政府に抵抗しなければならなくなります。

生命と同様に重要なのは、魂の領域である信仰の自由の問題です。「各人にとって、各人の教会がオーソドックスな教会である」という信仰の自由の主張を、ロックは「寛容についての手紙」のなかで展開しています。これは、カルヴィニストのロックにとって、神への信仰は、心の奥底からのものでなければ無意味であり、信仰の事柄において強制は許されないという考え方から生じています。そこから、市民政府は、信仰の自由に委ねられるべき事柄について、教会にかわって強制することはできないという結論が出てきます。その信仰の自由が侵されたときが、抵抗のもうひとつの大事なケースです。

ロックは、王政復古期の反対党の領袖であったシャフツベリー伯爵の顧問でした。シャフツベリーが信仰の自由を認めないカトリック教徒への王位継承に反対しているという文脈（Exclusion Crisis）で、市民政府論と寛容についての手紙は起草されたのです。市民政府論は名誉革命を正当化するものだといわれ、完成後印刷時に付加された「前書き」にもその趣旨が書いてありますが、ダンによれば、プロテスタントの信仰の自由の擁護のために抵抗権を行使することを正当化することが、むしろ市民政府論の直接の目的であったのです。

ロックが悩んだ第二の問題は、市民政府が信託に違反した際に、抵抗権を行使する市民に課される認識義務についてでした。市民政府に抵抗する市民は、みずから正しいと信じることをおこなうというだけでは、無秩序と混乱、虐殺しかもたらさないかもしれないからです。市民政府に抵抗する市民には、現状について冷徹に認識する義務が課されるとともに、投入できる人員、社会的資源、抵抗の結果信託違反が回復する可能性があるか、それにはどの程度の犠牲がともなうかなど、複雑な政治的判断が要請されます。政治的可塑性（political possibilities）に対する考慮において、なによりも重要なのは認識義務でした。ロックは、認識の問題を政治的義務の問題にまで深めて考察しました。ここには、「神の召使」として、忠実に理性を行使する義務を負う人間像が浮かび上がってきます。

先に指摘したように、ロックの時代は、神の存在がすべての議論の出発点でした。ですから、彼の議論をそのまま現代の政治的議論の出発点とするのは、時代錯誤になりかねません。しかし、人間相互の信頼の定式化としての信託の問題と、その信頼の限界設定としての抵抗権が社会の紐帯を形成するという政治的義務論は、現代の政治分析にとっても不可欠な参照枠組みを提供するというのが、政治思想家・ジョン・ダンの問題提起だったのです。

市民相互の信頼の制度化

この参照枠組みの現代的意味を考えるためには、アメリカ合衆国のアフロ・アメリカンによる公民権運動で、信託と抵抗がどのような関係にあったのかを考察することが、示唆的だと思います。

二〇世紀において人間相互の信頼の希望を宣言したひとつの金字塔が、一九五四年に下されたブラウン判決だといわれます。ブラウン判決は、黒人と呼ばれる人びとが公教育から強制的に排除されていたことを、合衆国連邦憲法に違反すると判断しました。

この判決を生み出した法廷闘争に弁護士としてかかわり、のちにアフロ・アメリカンとしてはじめて連邦最高裁判所裁判官になったサーグッド・マーシャルの闘いの軌跡を通して、この判決の意義をみておくことにしましょう。

しかし、以降の連邦裁判所の介入にもかかわらず、「統合」が「お預け方針」(tokenism)に成り下がるなかで、アフロ・アメリカンの隷従からの解放＝自由を求める闘いを、「非暴力不服従」というかたちで実際に指導したのがマーチン・ルーサー・キング牧師でした。

そこで本章では、キング牧師の闘いについても、抵抗の目的である「人間の尊厳」と、抵抗の主体である「市民」と、抵抗の対象である「権威」とに注目しながら、その軌跡にも触れてみたいと思います。

＊　＊　＊

マーシャルは、一九三三年にハワード大学ロースクールを卒業後、ただちに、有色人種地位向上全国協会・NAACP（National Association for the Advancement of Colored People）に参加し、一九四〇年に新設された「法的擁護及び教育基金」(Legal Defense and Education Fund）の責任者となった法律家です。彼の前には、一八九六年の連邦最高裁が下した、プレッシー対ファーガソン判決における「分離すれども平等」(separate but epual）の法理と、それに依拠するあらゆる場面に設定されている人種隔離制度が立ちはだかっていました(3)。これらは、人種差別の象徴として、生活のあらゆる場面で、黒人と呼ばれる人びとの「人間の尊厳」を傷つけていたのです。隔離制度の象徴となったプレッシー判決の論理は、つぎのようなものでした。

白人と黒人の接触が避けられない場合において、分離を許したり、要求しさえする法律は、必ずしもどちらか一方の人種の他方に対する劣等を含意していない。このような法は、すべてではないにせよ、一般に、州立法府の規制権限の行使に属するものであるとされてきた。ルイジアナ州法が合理的な規制であるかについては、州議会は、人々の確立した慣例・慣習・伝統を参照し、彼らの快適さの促進と公共の平和や良い秩序の維持を目的として行動する自由を有する。

上訴人の主張の基礎にある誤謬は、二つの人種の強制的分離は黒人を劣等のバッジで刻印するものだという想定にある。もしそうだとしても、それは法律のなかに見つけられる理由からではなく、まったく黒人が法律をそのように解釈することを選んでいることによる。

もし、両人種の市民的・政治的権利が平等ならば、ある人が他人より市民的・政治的に劣ることはありえない。もし、一つの人種が他の人種よりも社会的に劣っているならば、合衆国憲法は彼らを同じ水準にすることはできない。

(Plessy v. Ferguson, 163. U. S. 537, 544, 551-553. 拙訳)

プレッシーは、一八九二年、東ルイジアナ鉄道の白人専用車に乗っていたところ、車掌が黒人専用車に移るように命令したのを拒絶したため、汽車からおろされ、逮捕されたうえ、州裁判所に起訴されました。彼は、自分は「白人」であると主張していましたが、黒人の祖先がいたために「黒人」として扱われました。

上記プレッシー判決法廷意見に対し、反対意見を書いたのはハーラン裁判官一人だけでした。プレッシー判決の論理の要は、人種隔離法が、黒人と呼ばれる人びとにどのような苦しみを与えても、法は関与しないとしたことにあります。この論理を是正する闘いは、人種差別が「人びとの確立した慣例・慣習・伝統」になっている南部諸州においては絶望的に困難なものだったと思います。W・E・B・デュボイスは、一九〇三年に著した『黒人のたましい』で、プレッシーの論理がアフロ・アメリカンにもたらす苦しみの深さをつぎのように表現しています。

> もしみなさんがわたしと一緒に旅をしたければ「ジム・クロウ・カー《黒人専用車》」に乗らなければならない。乗ってはだめだと、だれもいったりしないだろう、――現に白人四人と乳母に連れられた白人の女の子がこの車に乗っている。この車では普通いろいろな人種が混じって乗っているのだが、白人専用車の方はまったく白一色というわけだ。もちろんこの車は、白人専用車ほど立派なものではないが、かなり清潔で乗り心地も良い。不快さがあるとすれば、それは主として向こうにすわっている四人の黒人の、そして私の、心のなかにあるのだ。

（W・E・B・デュボイス『黒人のたましい』一五六〜一五七頁）

彼の著書の名前が『黒人のたましい』であるのは、当時、「白人」教会によって、差別の正当化として、「黒人」は人間の魂をもたないと主張されていたからです。法により創設・維持される人種隔離制度が、象徴としてアフロ・アメリカンの人びとにぬぐいがたい精神的苦痛をおよぼしているという、デュボイスの魂の叫びが、裁判所に採用されるには、それから五〇年の年月が必要でした。

＊　＊　＊

マーシャルらは、まず、公教育におけるアフロ・アメリカンの教師の給料を、白人学校の「白人」教師と同等にするための闘争を開始しました。それとともに、大学院教育などの職業に直結する部分への「黒人」学生の入学を認めさせようとしました。「分離すれども平等」の法理を前提として、「黒人」の権利を少しでも勝ち取ろうとしたのです。一九五〇年代までに、上記の戦術は成功を収めるようになりました。これらの訴訟でマーシャルは、人類学者などを専門家証人として申請し、両人種には教育、学習能力には有為な差が存在しないことを立証しました。

さらに、教育施設としてロースクールを評価する際、教授陣の評価、学校の社会での地位、伝統、卒業生の影響力が「客観的には評価できないにせよ、ロースクールの偉大さ」を構成している質であることが、連邦最高裁で認定されました。これらの考慮は、さまざまな社会的事実、証拠、著書、論文、文献に基礎づけられて、一九五四年のブラウン判決の最高裁判決に結実することになったのです。

ブラウン判決のアール・ウォーレン主席裁判官の全員一致の法廷意見はつぎのように言います。

公立学校で白人の子どもと黒人の子どもを分離することは、黒人の子どもに有害な影響を与える。

この影響は、法が分離を後押ししていることで、さらに悪化する。というのは、人種を分離するという政策は通常、黒人の劣等性を含意すると解釈されるからである。

劣等意識は子どもが学ぼうとする意欲を損なう。したがって、法による分離教育は、統合された学校であったならば享受したはずの利益を黒人の子どもから奪い、その子らの精神的、教育的発達を損なう傾向にある。

プレッシー判決当時の心理学的知識がいかなるものであったにせよ、以上の原判決の認定は、今日の権威によって支持される。この認定と矛盾する、プレッシー判決のいかなる部分も拒否される。

(Brown v. Board of Education of Topeka, 347U. S. 483, 1954. 拙訳)

ここに述べられた「今日の権威」のなかには、ケネス・クラークによる有名なドール・テストがあります。「黒人」の子どもに、白い人形と黒い人形で遊ばせ、どっちが「好きか」「よいか」「自分に似ているか」を選ぶ実験したものです。このテストで多くの「黒人」の子どもが、白い人形をよいと答え、自分に似ているとしました。「劣等意識」が子どもたちのアイデンティティを喪失させているのです。法律の違憲性を主張する根拠として社会的事実が使われた顕著な例です。プレッシー判決の、「二つの人種の強制的分離は黒人を劣等のバッジで刻印するものだという想定は、法律のなかにみうけられる理由からではなく、まったく黒人が法律をそのように解釈することを選んでいる」という判断。それを社会科学的証拠によって正面から覆したことに、ブラウン判決の最大の意義があったのです。

ブラウン判決自体は、カンサス州のショウニー・カウンティー（郡）のトペカ教育委員会が、人種隔離教育の小学校を組織していたことの違憲性を確認したものです。ですが、同時に、ほかの三州の判決と連邦レベルの判決も下されました。全米において人種隔離教育は、法律上、不可能となったのでした。

にもかかわらず、ブラウン事件の救済策は翌年まで延期され、一九五五年に「慎重な考慮」（all deliberate speed）にもとづく人種の統合教育が要請されただけでした。そのときから、連邦裁判所は、今日まで、マーチン・ルーサー・キングがワシントンで語った「黒人の子どもと白人の子どもがともに食卓につき、ともに笑顔で語り合う」という夢の実現に、万難を排してかかわることになります。そして、マーシャルは、連邦最高裁裁判官としてその一翼を担うことになりました。

この夢は、今日の視点でみると実現したとはいえません。ＮＡＡＣＰの法律援助によって、サウスカロライナ州でブラウン事件を「黒人」社会に呼びかけたジョーゼフ・ドレイン牧師は、教職をやめさせられました。さらに彼はどの銀行からも信用取引を断られました。家は焼かれ（消防車は消火活動をしませんでした）、殺し屋が夜中に彼の家に拳銃を発射したこともあります（彼が撃ち返すと、そのことで告訴されました）。ブラウン判決の一一年後の一九六五年まで、南部の四分の三の学校区で人種別学が続いていました。

「慎重な考慮」という救済を、憲法上容認できないと最高裁判所がようやく宣言したのは、一九六五年、一九六七年、一九六八年に都市暴動が起こったときでした。

＊　＊　＊

「白人」たちは統合を嫌い、「黒人」の住む市街区から郊外に転居していきました。その事態に対処しようと、郊外と市中心部を統合するための強制バス通学が考案されましたが、実効性が上がりません。

一九九一年、マーシャルに代わって裁判官となったアフロ・アメリカンのトーマス裁判官は、ミズーリ州対ジェンキンス事件についての判決の補足意見で、人種統合を「黒人」社会の諸問題への万能薬であると考える人びとを批判し、つぎのように語っています。

連邦地裁は、最高裁の先例について、分離教育が黒人児童の精神的・教育的発達を阻害し、測りがたい心理的害悪を及ぼすという理論を支持していると、解釈してきた。このような解釈は、憲法原則ではなく、信頼しがたい社会科学的調査に依拠するだけではなく、黒人が劣っているという仮定に依拠しているのだ。

(Missouri v. Jenkins, 515 U. S. 70, 114, 1995. 拙訳)

諸種の社会調査によれば、一九九四年から九五年の学期において、六七・一パーセントの「黒人」の子どもは、「白人」のクラスメートのいない学校に通っていました。上記ジェンキンス判決において連邦最高裁は、カンサス・シティ教育委員会が、「白人」の生徒が中央部に戻ってくるよう学区全体をマグネット・スクール化する莫大な費用(具体的には、教師および職員の給与を引き上げたこと)を支出するために、ミズーリ州に費用を負担させるという連邦地裁の命令は、裁判所の権限を越えるとしました。法による強制的統合の限界を示したのです(4)。

非暴力不服従

ブラウン判決以降、非暴力不服従の論理で公民権運動を指導したマーチン・ルーサー・キング牧師は、つぎのように語っています。

武力行使の軍隊で、兵士がカービン銃を検査し手入れしておくのが当然のこととされるように、非暴力運動の勇士たちは、彼らの最強の武器——すなわち心、良心、勇気、正義感——を調べて、ぴかぴかに磨いておくことを要求されるのである。

（マーチン・ルーサ・キング『黒人はなぜ待てないか』四一頁）

まず、抵抗のための理論には、「市民」についての「正確な」認識が含まれねばならならないといいます。これが第一の課題です。キング牧師のいう「心」(mind) の問題です。市民とはだれなのか。その場の論理から排除され、その場にいることを認められるために権利を主張せざるをえない人びとの状況。それらの人びと自身が立ち上がるための戦略。その成功可能性に対する冷徹な認識が必要になるのです。

つぎに、人間相互の信頼の限界を画す理論には、「人間の尊厳」についての「説得力のある」道徳・倫理が含まれねばならないことになります。キング牧師の言葉では、「正義感」(the sense of justice) です。正義は、つねにだれにとっての正義であるのかを問いつづけ、虐げられる者にとっての正義でない正義は認めないことを意味します。

連邦裁判所での闘争において、人間として尊重されるということの意味が、一九世紀末の「分離すれども平等」(separate but equal) から、二〇世紀後半の「隔離は人種差別である」(separate educational facilities are inherently unequal) に劇的に転換しました。その背景には、「正義感」の変化があります。「汽車、劇場、食堂で分離されるのが差別だというのは、黒人の被害妄想である」という「白人」の「正義感」ではなく、「小学校で人種別学をするのは黒人の子どもに劣等意識を植えつけることになり許されない」という「黒人」と、それに共感する人びとの「正義感」が連邦裁判所を支配したからにほかなりません。

しかし、この正義の実現は、南部におけるあらゆる抵抗と連邦裁判所の「慎重な考慮」(all deliberate speed)によって、延引されつづけました。だから第三に、人間相互の信頼の限界を画す理論には、歴史的に存在する国民国家が市民社会においてはたすべき役割＝「権威」についての「一定の」限界設定が含まれねばならないのです。国民国家が生殺与奪の権限を独占するという社会において、国民国家(連邦や州)の法に対する遵法義務が社会の紐帯として重要であるとしても、「非合法」とされ投獄に耐えて行動することが不可欠です。キング牧師のいう、「良心」にもとづいて「勇気」をもって対処することが重要になってきます。

キング牧師の「非暴力不服従」運動は、合衆国連邦憲法を盾にした、連邦裁判所で闘争を続けるNAACPによる「合法的」手段の限界を指摘しながらも、それを否定しません。かえって、黒人暴動に発展する憎悪と復讐心に訴える暴力を明確に否定するものでした。この運動には、いかなる場合に、いかなる方法で「非合法」的手段――たとえば「白人専用」のランチカウンターに座り込んで逮捕されること――に訴えるかについての、冷徹な認識と、人間の尊厳に対する深い確信と、黒人教会に指導された、良心にもとづく勇気ある行動が要請されていたのです。

裁判所の命令に対する抵抗

とくにキング牧師の非暴力不服従運動で注目すべきは、一九六三年にバーミングハム市でおこった闘争の際に、裁判所の中止命令に反してデモをおこない、民事法廷侮辱でキング牧師が逮捕されたことでした。法の権威の象徴である裁判所の命令に反することは、キング牧師にとっても慎重な考慮を要する重大な事柄です。にもかかわらず、彼が命令に反しデモに参加したのは、バーミングハムを含めた一九六三年のアメリカ社会の政治的変化可能性に対する、冷徹な認識があったからだと思います。この点について、キング牧師は、つぎのように語っています。

> 非暴力直接行動のねらいは、話し合いを絶えず拒んできた地域社会に、どうでも争点と対決せざるをえないような危機感と緊張をつくりだそうとするものです。（同九六頁）

ジョン・ロック以来の抵抗権論において、政府（裁判所）が「人間の尊厳」からみて違法な権力行使をしたというだけでは、市民の抵抗権は正当化されません。遵法義務が違法な公権力の行使のたびごとに解除されていたら、それこそ、無秩序を招来し、人間相互の信頼は回復されないのです。抵抗主体たる市民に要請される責任は、形式的には合法の裁判所命令に違反した場合に生ずる、他の市民への結果の考慮と、そのような究極的方法に訴えることによって、ランチカウンターに座ることが違法になるのではなく、ランチカウンターに座ることを拒否する方が違法になるように変化が生じる可能性に対する冷徹な計算をおこなうことです。

抵抗主体の義務は、なによりも認識義務なのでした。

バーミングハムの闘争の後、ワシントン大行進を経て、翌一九六四年にはレストランなどでアフロ・アメリカン（当時はニグロと呼ばれていました）を排除することの方を違法とする公民権法が制定されました。

結果的に、キング牧師の「賭け」は成功したのです。

しかし、われわれが学ぶべきは、キング牧師の熱き「私には夢がある」(I have a dream) という言葉の背景に、彼の冷徹な認識にもとづく現実的戦略があったことです。キング牧師はバーミングハムの獄中から、この冷徹な認識の根拠にある「白人社会の良心の震え」を魂で感じとっていました。言葉を換えていうなら、キング牧師の抵抗権は、実定法を全否定するものではなく、それを「補完」するものであったというのが、われわれがキング牧師から学ぶべきことではないでしょうか。

シャトルズワース対バーミングハム事件

キング牧師とともに、バーミングハムでの公民権運動を指導したシャトルズワース牧師は、市条例違反に問われ、結局、アラバマ州最高裁判所で有罪判決を受けました。刑は、九〇日間の懲役と、罰金と費用を支払わないためにさらに四八日間労役場に留置するというものでした。この事件は、被告人であるシャトルズワース牧師側が連邦最高裁判所に裁量上訴した結果、公民権運動が、連邦最高裁判所によって判断されることになりました。信頼と抵抗の相互関係の問題をめぐって、連邦最高裁判所の判事同士が深刻な議論をかわす場をきりひらいたのです。シャトルズワース対バーミンガム市事件最高裁判所判決です（Shuttlesworth v. Birmingham, 394 U.S. 147（1969））。非暴力不服従の法との関係についての重要なケースですので、概要を紹介しておきます。

シャトルズワース牧師が違反した条例は、「市公安委員会の事前の許可を受けずして、行進、行列、デモを行ったすべての者」に刑罰を科すものでした。条例は、文言上、バーミングハム市公安委員会に、デモの許可を与えるかどうかについて制約のない絶対権限を与えるものであり、州の第一審および控訴審は条例を無効としたうえで、シャトルズワース牧師を無罪としました。しかし、アラバマ州最高裁判所は、バーミングハム市条例に文言とかけ離れた操作をおこない、市公安委員会がデモ行進を不許可にできるのは、交通に支障をきたすことが判明した場合にかぎられるとしたのです。シャトルズワース牧師は、許可を得るように努力すべきだったというのです。にもかかわらず、無許可で行進したということで、シャトルズワース牧師は有罪を宣告されました。

牧師からの裁量上訴を受けた連邦最高裁判所は、連邦憲法に違反した条例の要請に屈しなかったからといって、シャトルズワース牧師にその条例の憲法適合性を攻撃する権利がなくなるわけではないとしました。

牧師は無罪となりました。

シャトルズワース牧師が、一九六三年四月一二日のグッド・フライデイ（キリストが十字架に付けられたとされる聖金曜日）に、キング牧師、アバナシー牧師と一緒に、五〇人の公民権運動参加者を率いて教会からデモ行進をはじめたとき、公安委員会は、「絶対にニグロには、デモはさせない」と言っていました。それなのに、解釈権を握るアラバマ州最高裁判所が、デモの時点から四年も経った後に、本来は許可されるべき事件だったから条例にしたがうべきだったとして、牧師たちを有罪にすることは許されないというのが、連邦最高裁の意見です。

連邦最高裁判所は、全員一致で（この時点で、最高裁判所裁判官に就任していたサーグッド・マーシャルは、「利害関係人」ですから、本件の判決に参加しませんでした）、有罪判決は許されないと宣言しました。デモの一週間前、シャトルワーズ牧師の代理人がデモの許可申請にいったとき、公安員会の委員長であったブル・コナーは、彼女に「アラバマのバーミンガムでは、お前らには絶対に行進する（picket）許可はおりないぞ。お前らを市の拘置所に放り込んでやる（picket）」という言葉を二度も投げつけたと、連邦最高裁判所は認定したからです。

この判決で、アラバマ州の法の正しい執行をおこなったのは、ブル・コナーらの公安委員会ではなく、シャトルズワース牧師の側であることが正式に認められました。

「非暴力不服従」の正しさが連邦憲法の名において、最高裁判所により証明されたのです。

しかし、もちろん、連邦最高裁判所の役割には限界があります。同じデモ行進について、バーミングハム市が差止めを申し立て、州裁判所は差止め命令を出していました。この命令を無視したことについては、牧師らは五日間の刑事法廷侮辱罪に問われ、結局、連邦最高裁判所も命令が憲法に適合するかとは無関係に、命令は遵守されるべきだとして、有罪を維持しました[5]。

「非暴力不服従」が裁判所によってすべて正当化されうるものでないことは、確認しておく必要があると思います。

ふたたび荒井先生・田中先生について

キング牧師は、バーミングハムの獄中からつぎのようなメッセージを送っていました。

不正な法を破る者は、あけすけに、愛情をこめて、喜んで刑罰を受ける気持でそうしなければなりません。良心が不正なものと教えてくれる法に違反し、地域社会の良心がその不正に覚醒するように進んで拘留の刑罰を受ける者は、実際には、法に対してもっとも尊敬の念を表明している者だと私は考えます。（同一〇二頁）

先の田中先生は、退職を覚悟してから三年間、懲戒処分を受ける覚悟をするとともに、保護者と生徒から信託されている「障害児教育」を続けるために、ぎりぎりの抵抗を続けていました。

抵抗行為にもとづく職務命令違反が形式的にあったとしても、「良心の自由」の行使としてその違法性は阻却され、大阪府教育委員会の懲戒処分は、裁量の逸脱・濫用として違法とされるべきであったと思います。

法哲学者の小畑清剛は、国旗・国歌法が制定された際に「強制されることはない」と提案者も立法者もいっていたのに、実施の段階で強制されていることは、「嘘をつかない」という法に随伴する道徳に違反することを指摘しています。その点だけでも、国旗・国歌法は「法の名に値しない法」であり、「不利な立場の少数者」を排除する「管理的指令」にすぎないというのです。

田中先生は処分されましたが、先生が退職した翌年の入学式では、校長が保護者に対して、君が代斉唱の際に立つ必要がない旨をつけくわえるようになりました。田中先生を処分した「学校の方針」は、田中先生の「方針」に沿って不十分ながらも改定されざるをえなかったのです。子どもたちには、「嘘つきではない」、日の丸が強制されない卒業式が実現されました。

田中先生の抵抗が、「正しい法に対してもっとも尊敬の念を表明している」ものであることは、現場を知る市民ならだれもが認めざるをえません。

荒井先生は、子どもたちに、「命」と「良心」にかんする事柄は、権力に「信託」してはならず、自分で判断しなければならないことを教えました。「命」と「良心」にかんする事柄を他人に委ねる者は、みずからの命を失うだけではなく、人の「命」と「良心」に対する配慮をすることができなくなり、「人殺し」になってしまう。その恐怖を、荒井先生は、みずからの生きる姿で教えようとしました。

田中先生と荒井先生のような教師が、教育現場から去らねばならない状況を「原風景」としつつも、彼女たちが、身をもって教えてくれた「抵抗の姿」に現れた「人権という幻」を大事に受け継いでいきたいと思います。

閑話休題 2　良心のトランペット

本章では、「人間の尊厳」のためには、市民社会における市民相互の「信頼」が不可欠なこと、しかし「信頼」には限界があり、とくに「命と良心」が問題になるときには、「抵抗」をおこなうことが不可欠になる場合があることについて考察しました。

ジョン・ロック、キング牧師、荒井先生や田中先生——。時代と場所を超えて、「抵抗」をおこなう人びとには、人間の可塑性の限界とおかれた状況のなかで、抵抗行為の結果に対する認識義務が課されていることを強調しました。

これに対し読者は、問われるかもしれません。

抵抗行為の成功が絶望的なときには、抵抗をあきらめるしかないのか。

そうだとすれば、本章の理論は、実践に対し抑圧的であり、現状の正当化にすぎないのではないか、と。

とりわけ、東京都教育委員会が通達を出して、君が代斉唱を義務付け、大阪府が起立条例を可決したいま、このような問いは現実的なものとして、われわれに迫ってきます。

もちろん、抵抗行為の結果、社会に生きる人びとに対する残酷な影響を考慮して、抵抗を控えるべき場合があることは当然だと思います。しかし、「非暴力不服従」はけっして、たんなる現状の正当化理論ではないと思います。その点を、ワシントン大行進以降のキング牧師の歩みを振り返ることで確認しておきたいと思います。

＊　＊　＊

一九六三年八月末の「私には夢がある」演説のわずか二週間後には、キング牧師の「夢」は「悪夢」になろうとしていました。ほかならぬバーミングハムで、四人の黒人少女が殺害されるという痛ましい事件が起こったのです。

キング牧師自身も、一九六八年四月五日に殺害されてしまいますが、生涯最後のクリスマス説教において、「今、なお私には、夢がある」とつぎのように説いていたのでした。

私は自ら見果てぬ夢としぼんだ希望の犠牲となっていたのです。しかし、それにもかかわらず、今、なお私には、夢がある、と申し上げるのです。

（マーチン・ルーサー・キング『良心のトランペット』九八頁）

絶望すべき状況において、にもかかわらず、希望をもちつづけるときに、わたしたちには、ほんとうの「夢」＝「幻」が与えられるのだと思います。キング牧師が、非暴力不服従運動の行き詰まりのなかで、最後にみた「夢」とはなんだったのでしょうか。ここで注目されるのは、ワシントン大行進では語られなかった「新しい夢」が、最後のクリスマス説教で追加されていることです。彼は語ります。

今日、なお私には、夢があります。いつの日にか、戦争は終局に至り、人々はその剣を田畑の鋤べらに打ち直し、その槍を植木の剪定鎌に変え、国々はもはやお互いに反発して立ち上がることなく、もはや戦争について研究することもなくなるときがくるでしょう。（同九九頁）

この「新しい夢」でキング牧師が述べているのは、当時アメリカが「敵」とみなしていたベトナムの人びとを含めた人類のための、反戦平和の武器として「非暴力不服従」運動を考え実践するというものでした。その決意を彼は、一九六七年春にあきらかにしました。そして、彼は文字どおりその「新しい夢」に生涯を捧げたのです。

キング牧師がこのような反戦平和の「新しい夢」を抱くきっかけとなったのは、スラムに住む黒人成年に対し、火炎瓶や銃が解決にならないと説いて回っていた際、彼らから「じゃ、いったい、ベトナムはどうなんですか」と問い返されたことにあったといいます。また、アメリカの軍隊の多数を占める黒人青年たちが、殺されるだけでなく、「殺人者」になってしまうという、魂への配慮が大きかったのかもしれません。しかし、キング牧師の「新しい夢」は、たんなる自民族のための反戦平和というところでは止まりません。彼はこういうのです。

我々が彼らの助けを得て、敵側の立場を理解し、敵の抱いている疑問を聞き、我々に対する敵側の評価を知ることができたら、そのときこそ、同情と非暴力の持つ真の意味と価値が発揮されるのです。なぜなら、我々の状況が持つ根本的弱点というものは、敵側の立場からみてこそ真に明らかになるのです。われわれが成熟しているならば、反対者と呼ばれる兄弟同胞の知恵を借りてこそ、学びかつ自分自身を成長させ、利益を図ることができるというものなのです。（同四一頁）

本章で扱った、抵抗行為の際の認識義務のなかに、キング牧師は「敵」を悪魔と考えることではなく、逆に理想化することでもなく、「敵側の立場から」自民族の欠点を認識する義務をもちこみました。これがほんとうの「愛国心」であると言いきりました。

もちろん、このような主張は、「反逆」というレッテルと紙一重であり、政治的にきわめて危険な行為です。しかし、古代イスラエルの預言者エレミヤ以来、預言の伝統には、たしかに「敵」の行為に神の意志を読みとるということがありました。その意味で、キング牧師の主張はけっして特異なものではありません。

社会全体が戦争の正当化に向かう状況のなかで、キング牧師は「良心のトランペット」を吹き鳴らし、「ベトナム戦争は、アメリカ精神の内部に奥深く巣くっている病根の兆候だということ」を訴えました。そのため、彼は公民権運動をともに闘った多くの同志から捨てられます。彼の正しさがあきらかとなったのは、彼の死後何年も経ってからでした。

わたしたちが、一九六七年にベトナム戦争に反対したキング牧師より困難な状況におかれているのではないかぎり、「人間の尊厳」のための闘いの武器として、「非暴力不服従」は、有効な理論と実践でありつづけるでしょう。

（1）二〇〇二年大阪府人事委員会（不）第七号事案（豊中養護学校教諭に対する戒告処分不服申立事件）第九回口頭審理調書。
（2）以上の叙述は、John Dunn, 'Consent in the political theory of John Locke', in The Historical Journal, X, 2 (1967); 'The concept of 'trust' in the politics of John Locke' in R. Rorty, J. B. Schneewind and Q. Skinner ed. "Philosophy in History" p. 279 (1984); Locke (OxfordU. P., 1984) に依拠しました。
ジョン・ダンの影響のもと、ロックの政治思想の根幹に応用神学的思考があることを解明し、神のプロパティ＝作品としての人間というイメージの大切さを主張した文献として、加藤節『ジョン・ロックの思想世界——神と人間との間』（一九八七年、東京大学出版会）があります。
（3）Plessy v. Ferguson, 163U. S. 537 (1896).「分離すれども平等」という言葉は当該事件で違憲性が争われた、一八九〇年制定のルイジアナ州法が、「州内において旅客運送をするすべての鉄道会社に、白人と有色人種とに分離した、同等な設備の車両を設け、旅客はそれぞれの人種に従って指定された座席以外に着席してはならない」としていたことに由来します（『英米法判例百選第三版』一二七事件解説）。

（4）『英米法判例百選第三版』三四事件解説参照。

（5）Walker v. Birmingham, 388U. S. 307（1967）. この判決で連邦最高裁は、法廷侮辱の有無を判断するためには、連邦憲法に州裁判所の命令が違反していたかは無関係だと宣言しました。秩序が優先されたのです。なお、本判決には仮処分命令に対する不服申し立てを経由すべきだったという判断が前提となっていますが、これを当事者に負担させるのは、「萎縮効果」を取り除くという見地から反対であるという、ブレナン判事の反対意見が付されています。また、「萎縮効果論」の理解のためには、NAACPの結社の自由が、各州において名簿の暴露によって脅かされていたことなどのコンテクストの理解が不可欠ですが、この点については、毛利透『表現の自由——その公共性ともろさについて』（二〇〇八年、岩波書店）七三頁以下を参照してください。

第3章

市民社会の法について

「終の棲家」に住む権利

第二章では、以下の二点を考察しました。①市民社会の紐帯が市民相互の信頼にあり、その信頼は権力への「信託」というかたちで制度化されていること、②信頼には限界があってその限界は権力への「抵抗」によって示されること、です。そして、これら二点を貫徹しているのは、「神のプロパティ」としての人間という思想でした。すなわち、市民相互の信頼の限界を画し、「抵抗」が正当化されるのは、人は「神のプロパティ」である「命と良心」にかんする事柄を他人任せにはできないからです。

本章では、生活に欠かせない「居住」という側面から立ちのぼる幻をみたいと思います。

日本社会では、一九六二年の区分所有法制定以来、マンションの一室をかけがえのない「終の棲家」と定める人びとが増え、区分所有権という建物「所有権」が、市民社会の権利義務規範として、借地権、借家権同様に重要となってきました。にもかかわらず、マンションの建物自体は老朽化していないのに、そこに暮らす人びとが追い出されることになってしまっている実定法の現状があります。それは、二〇〇二年の区分所有法改正によって創設された団地一括建替え決議の制度（法七〇条）によってもたらされたものです。

法改正とその実施には、制定過程の問題、立法が法の「執行」を管理組合とデベロッパーに委ねてしまったことから生じた問題、「等価交換事業」という法の規制を無意味化する制度が採られている問題などがあり、法が人びとの生活を守るどころか、破壊している「原風景」が浮き彫りになってきます。

わたしは弁護士として、マンションの一括建替え決議がおこなわれ、多くの人が「終の棲家」から追い出され、団地建物一七棟三八〇戸すべてが破壊されてしまった事例に立ち会いました。

この団地には、一括建替え決議のあった二〇〇五年三月の半年前の時点で、六五歳以上の高齢者の方が一五八名、七〇歳以上の方が一〇四名住んでいました。いずれも長年この団地に住み、建替えの話がでるまでは、「終の棲家」だと考えていた人びとです。リクルートコスモス株式会社（現在はコスモスイニシア）が、団地を「終の棲家」とする千田靖子さんのご家族、笹原久子・薫さんご夫妻らを追い立てるために訴訟を提起しました。

リクルートコスモスは、二〇〇五年三月六日に、千里桃山台第二団地住宅において、団地一括建替え決議がなされ、決議後マンションの一部屋の区分所有権を譲り受けたという資格で、「区分所有法にもとづく売渡請求権」を行使しました。

これに対し、千田さんらは、「高齢者であり、なかには障害をもつ方もいて、現在住居として定めている場所を、その意に反して退かされることがないという居住権を有する」として反論しました。開発によって大きな破壊が生じ、かけがえのない「人間の住居への思い」を踏みにじるという怒りが千田さんにはありました。居住権という角度からとらえることが、問題をもっともよくあらわす——。そういう信念から、千田さんらは居住権を主張しました。その点について、千田さんは法廷で、つぎのように証言しています(1)。

代理人　あなたは、今住んでおられる建物に特別の思い入れをお持ちですか。
千田　はい、あります。
代理人　それは、なぜですか。
千田　三八年間、住んできました歴史がございます。体に馴染んでおります。
代理人　この団地の思い出の中でも、特に御主人と暮らされた思い出というのは大きな思い出なんでしょうか。
千田　はい。一九六六年から亡くなる年、二〇〇一年まで三五年間というのは、私の死ぬまでの一番の重要なものでございます。
代理人　そういう御主人の思想的なバックボーンというのは、どういところにあったというふうにお考えですか。
千田　私の見方は、やはり一五歳の被爆体験であったと思います。
代理人　被爆の体験で、どういう思いをもっておられたんでしょうか。
千田　そうですね。やはり為政者の言うがままになっていると、自分の人生を全うできないと、常に批判原理というものはもっていないと、つぶされてしまうという、それが根底にありました。世の中には不合理な強制ですね。あるいは非条理、不条理が非常に多いんですね。そういうものに対しては抵抗せざるを得ないということだと思います。……英語でいいますと、old plain death といいますが、昔ながらの自然な死、或いは素朴な死というものを戦争あるいは震災あるいはその他のメカニズムが阻害するということがあるんですね。人間の素朴な死というものを短くしてしまうということがよくあります。……
代理人　千田さんにとっての昔ながらの死というのは、どういうイメージをお持ちですか。
千田　主人と共に三五年間そうした素晴らしい環境の桃山台第二団地で、私はもう七〇になりますから、あとそんなに長くは生きられないと思いますが、あの思い出の地で主人と共に暮らし、子育てをしたところで、晩年を迎えたい、できれば終末も迎えたいという願いでございます。
（代理人は小久保哲郎弁護士）

ここに証言されている「居住権」は、阪神淡路大震災後の仮設住宅における孤独死や仮設住宅からの追い立て、あるいは、震災復興という名目でまだ十分住めるマンションの建替えをすることに反対する住民の抗議として登場したものです。
熊野弁護士は、この証言内容を社会権条約一一条の「適切な居住を受ける権利」として位置づけ、裁判所が適用すべき法的な権利として主張してきました。熊野弁護士の主張の中核は、「強制立ち退き」を受けることのない権利としての居住権が、国内法においても妥当すべきという点にあります。(2)

区分所有権の争点の変容――法の制定過程の問題点

居住権の争点にくわえて、区分所有権は、財産権としても重要なものであり、それが「終の棲家」をささえているのではないか、という争点があります。マンションの区分所有権は建物の専有部分に対する単独所有権のことです。不可分の権利として各建物の共有物（壁、階段、廊下など）の共有持分権が付随しています。そして、敷地については、団地では、敷地に対して床面積に応じた敷地持分権を有するのが通常です。しかし、建物と土地は別々の所有権の対象となっています。所有権であるからには、自分の住むマンション建物以外のほかの建物に住む人びとの多数決によって、自分の区分所有権と建物の共有物の持分権を奪われてはならないと、千田さんらは主張しました。

この論点は、弁護団のなかでは、憲法学者であるわたしの担当でした。

団地一括建替え決議という制度が、法制審議会での議論を欠いたまま、なんら憲法的な根拠もなく創設されたことが問題でした。各区分所有建物（一棟のマンション）は独立した建物であり、一七のマンション建物が敷地を共有しているというだけで、ほかのマンション建物の人びとの意向によって自分のマンションが破壊されるのはおかしいのではないか、ということです。

法務省は、建物と敷地が別個の不動産であるという日本民法の制度のもとでは、マンション建物ごとの決定を欠き、敷地を共有する人びとが一括建替えを決議するのは不可能だとしていました。法制審議会の答申にも盛り込まれませんでした。しかし、法制審議会の答申後、建替え促進派の政治的圧力を受けた法務省は、答申になかった団地一括建替え制度を法案として作成し、国会に提出し、可決させてしまったのです。国会の審議では、建物ごとの集会による決定を欠いたマンション建物の破壊が認められれば、区分所有建物は独自の所有権の対象ではなくなるのではないかという、所有権の根幹にかかわる議論はまったくなされませんでした。小泉政権下の自民党・公明党の多数の議決によって、法制度化されました。

こうして制定された二〇〇二年改正区分所有法七〇条は、団地全体の五分の四および各マンション建物の三分の二の多数（持分権および人数）による決議によって、団地全体の建替えを許容しています。この決議の対象は、あくまでも団地を一括して建替えるか否かというものであって、長年千田さんらが慈しんだC一〇号棟、笹原さんらが住んだC四号棟といった、各マンション建物の建替えを建物ごとの集会で問うという機会はないのです。

千田さんは、法務省に対し、法制審議会の答申になかった団地一括建替え制度がどのような内容の「ヒアリング」にもとづいて法案に盛り込まれたのかについて、情報公開請求をしました。しかし、法務省は、「ヒアリングにかんする資料はない」と回答しました。(3)

法の執行の公正が担保できるのか

二〇〇二年区分所有法改正では、団地一括建替え制度が導入されただけではなく、建替えが認められる条件として、「修繕のために過分の費用を要する場合」という、いわゆる客観的要件が削除されるという改正もおこなわれました。修繕か、建替えかは、団地管理組合などの私的自治に委ねようというのが、法制審議会で客観的要件の削除に積極的だった民法学者・森田宏樹の説明です(4)。しかし、このように法の執行を「当事者」に委ねることには、強い懸念があります。建替え推進派と、建替えにより巨額の利益を得る開発業者が「当事者」だからです。それらの人びとによって、法の公正な執行が歪められかねません。たしかに、新しい団地一括建替え制度のもとでも、団地全体の一七棟の三八〇戸、その五分の四だけでなく、棟ごとに三分の二の特別多数を得ることが必要です。逆にいえば、団地一括建替えの賛否において、一棟でも三分の二を下回れば、建替え決議は成立しません。

実際、二〇〇五年三月六日の建替え決議の前日まで、ひとつの棟では、三分の二の要件を満たしていませんでした。それにもかかわらず、千里桃山台第二団地で決議が成立したのは、建替えを促進するため、決議の前に書面投票について事前開封が三回もおこなわれ、署名などの有効要件が調べられるだけでなく、賛成反対の欄も確認されてしまっていたからでした。

賛成反対欄を確認したのは、管理組合の顧問弁護士です。ただし、これらの弁護士は、建替え事業の実現によって巨額の利益をあげるリクルートコスモスの顧問弁護士と同一人物だったのです。決議がおこなわれる前日、事前開封に立ち会っていた理事が「反対」から「賛成」に投票内容を変更しました。この変更がなければ、建替え決議は成立しませんでした。投票過程の手続き違反もさることながら、法が建替えにかんする規範の執行を、管理組合と共同事業予定者に委ねてしまっていることの問題点が端的に現れました。

しかも、本件では、二〇〇五年三月六日の団地一括建替え決議において、団地管理組合とリクルートコスモスのあいだで、全部譲渡方式の等価交換事業をおこなうことが決定されました。管理組合は建物を管理する能力をもつだけであり、建替え事業自体は、建替えに賛成し参加する人びとのあいだで別の組合を作成し、その新組合（建替え組合）が共同事業予定者と改めて合意をしなければならない、というのが区分所有法の建替え制度です。しかし、団地管理組合の団地一括建替え決議によって、特定の業者を指名したうえで、全部譲渡方式の等価交換事業でおこなうことまで決議されてしまいました。法制度が設けた安全弁は機能しなくなったのです。その点を説明しましょう。

全部譲渡方式の等価交換事業というのは、区分所有者がいったん共同事業予定者であるリクルートコスモスに敷地権を売り渡し、その価格で新しく建てられた建物の一部と敷地共有持分権を買い取るというものです。この方式は、いわば通常の売買契約を利用して、建替えをおこなう方法です。したがって、この方式のもっとも重大な要素は、共同事業予定者であるリクルートコスモスが、各区分所有者の敷地権を不動産としていくらに評価するかということです。しかし、近隣の同種事例と比べて半額以下であると評価されているにもかかわらず、建替え決議にいたる過程でも、決議後の訴訟の過程でも、いったいどのような評価方法にもとづいて敷地権を評価したかは示されることはありませんでした。

法制度は、管理組合による決議、反対者の売渡請求権による排除、賛成者と参加者による新組合の結成、新組合による事業方式の決定というプロセスを前提としていました。いったいいくらで、現有資産を評価するかについて、たしかに決議に盛りこんではいますが、その資産が、新しく建築されるマンションの建設費との関係で、新マンションの何平方メートルと等価かが判明するだけです。建替えに参加しない人びとにとって、もっとも重要な資産の客観的価値についての根拠が示されませんでした。

千田さんらの抵抗も空しく、結果として、法務省、国会、管理組合、弁護士、そして最終的には裁判所も含めて、千田さんらを「終の棲家」から強制的に排除し、その後、建物を完全に破壊してしまうことを正当化しました。

二〇〇八年一一月に千田さんらが、一二月には笹原さんらが追い出され、二〇〇九年八月には、一七棟三八〇戸の団地は、完全に解体されました。千田さんは、このような非道をおこなう実定法とは何かという問いを、わたしたちの社会に突きつけながら、今日も建替えの不正を追及する闘いを続けています。そこで、わたしたちも、千田さんらの体験した法による「不条理」について、実定法の「構造」に着目して、考察してみたいと思います。

法の「構造」の三つの曖昧性の意味

このような非道を正当化する、実定法とは、そもそもなんでしょうか。

その問いに、たやすく答えることはできないでしょう。

なぜなら、社会において「ただ法が保障する権利」だけをよりどころにして生きなければならない人間は、まったく法の保護の外に生きざるをえないという逆説が存在するからです。その逆説のもたらす「不条理」をみごとに描き出したのは、カフカの『審判』でした。

ヨーゼフ・Kと呼ばれる主人公にとっては、法の定める手続きも、裁判も、ただ、社会から自分を抹殺するための、まったく理解することも、予測することもできない「儀式」でしかありません。「法」は社会的地位や名誉、金銭などの権力をもつ人びとにとっては、不十分ながら彼女、彼の「正義＝権利」を保護・回復する機能をはたします。しかし、この社会になんのコネも、頼るべき社会的資源ももちあわせていないものにとって、すなわち「法だけが頼り」である人びとにとっては、皮肉なことに、法はなんの力も発揮しないのです。

どうして、法がこのような曖昧で偏ったものになってしまうのか。実定法を理解するには、実定法の「構造」の本質に根ざした分析が必要になるのもこの問いに向き合うためです。

この点について導きの糸となるのが、哲学者であり神学者であるパウル・ティリッヒによる、実定法の「曖昧性」(5)についての指摘です。彼によれば、わたしたちにとって、法が理解しにくく、予測しがたいものであるのは、つぎのような三つの「曖昧性」を法が構造的に有するからです。

法の曖昧性の第一は、法の「構造」である一般性、抽象性から生じます。

全員に適用されるべき法の一般的ルールは、予測可能性を保障し、人びとの自由を保障するためのものであるとされます。しかし、どの個別の事件にも適用されるべきルールは、必然的に、どの個別の事件の具体性にも対応できません。一つひとつの事件の「差異」こそが、それぞれの状況に生きる人びとの個性であり、それを誤差のように無視して、機械的にルールを適用すればすむというわけではありません。

法の「構造」の曖昧性の第二は、法の執行の曖昧性です。

生活保護の問題を例にとって説明しましょう。二〇〇三年に厚生労働省通達がでるまで、ホームレス状態にある人に対し、新たにアパートを確保するための「敷金」についての明確なルールはありませんでした。にもかかわらず、窓口を担当する自治体の職員は、厚生労働省通達の「転居の場合に敷金が出せる」というルールは、新たに入居する場合には「敷金」は出せないというルールであるとして、「不支給」決定を当然のようにおこないました。

しかし、佐藤訴訟と呼ばれる障害者の方の裁判闘争によって、じつは敷金が支給できないというルールは存在しないことがあきらかとなりました。生活保護法三〇条は、居宅保護を原則としていますから、「できない」というルールがないかぎり、「敷金」を出すべきことはあきらかだったのです。佐藤訴訟以後、厚生労働省通達が出され、ホームレス状態にある人びとが新たにアパートに入居する場合に、敷金の支給をできることが確認されました。しかし、原則として支給されないという「適用」は相変わらずです。今度は、ホームレス状態にある人びとをいったんシェルターに入居させ、一か月アセスメント（観察＝評価）して、自立支援センターに移します。そこで職探しをしてからでないと、敷金を支給しないということを、なんの法の根拠もなくおこなっているのです。

これが、法の「執行」の曖昧性です。

実定法の「構造」における曖昧性の第三は、法の「制定」の曖昧性です。法の体現すべき「正義＝権利」は、社会が共有する抽象的正義ではありえません。正義は必ずだれかにとっての正義であり、したがって、法の体現している正義は、立法者を中心とした支配者が考える正義にほかなりません。社会的に排除されている少数者の正義＝権利は、この段階ですでに法の世界から駆逐されています。少数者の視点に立つものにとって、法が、理解しがたい不条理と映る最大の原因はここにあります。

実定法はいかにして市民社会の法たりうるか

以上に指摘した実定法の「構造」の曖昧性について、どのように対処すべきでしょうか。わたしの知るかぎり、法の「曖昧性」を自覚しながら、実定法解釈論のレベルまで法理論を体系化した理論家は、民法学者・法社会学者の広中俊雄、ただ一人です。広中は、市民社会の存立基盤を実定法のうちもっとも重要な議会制定法、あるいは制定法を立法する国家におくことを明確に拒否します。それを拒否しないかぎり、法の「制定」の曖昧性に対処することはできないからです。

それでは、市民社会の権利義務の存立根拠はどこにおかれるのでしょうか。

広中は言います。

市民社会における権利義務関係の存立基盤は市民社会そのものなのであり、権利義務関係の基本的存在態様は、市民社会がみずから形成する権利主体の行動様式としての権利義務規範のいわば自然的な発現——権利義務の相互的な承認、したがって紛争の不発生——にほかならない。

（広中俊雄『法社会学論集』三三九頁）

すなわち、市民社会の権利義務の存立根拠は、市民相互の権利義務の承認にあるのです。そして、これが妨げられた場合でも、当事者は、存在する権利義務規範を基礎として、さらに権利義務規範が不明確の場合は、自分たちのあいだに特殊的に妥当すべき権利義務規範を契約により創設することで、紛争を自主的に解決します。権利義務の存立基盤が相互の「承認」に存する以上、たとえ、紛争の自主的解決ができず、一方当事者が裁判を要求した場合にも、裁判の基準は、それによる裁判を通じて当該社会の権利義務規範に対して攪乱的に作用するものでないことを要請されると、広中は強調します。広中は、民法という市民社会の法についての解釈のために、以上のような主張をおこないました。この理は、刑法などの権力と私人の関係には、そのままには妥当しないという留保をつけています。

しかし、市民社会の紐帯が市民相互の信頼であって、それが権力の正当性の根拠である本書の立場からは、立法部の定立した制定法という裁判基準も、市民社会が形成している、あるいは形成しつつある権利義務規範に対して攪乱的に作用することがないようにという要請に服しており、この要請に反する場合には、その定立された基準は社会そのものによって貫徹を多かれ少なかれ阻止されるという広中の主張は、まさに法の制定の曖昧性を匡正する方法として注目されます。

広中は、その例として、ある制定法の規定が立法時に予定されていたのとは異なる範囲や態様で適用されうることを挙げています。法の制定の曖昧性は、制定法の正義が立法者の代表する支配者が考える正義にすぎないということに由来します。この点の曖昧性が、広中の言うように、市民社会の権利義務によって制限されることになります。

しかし、市民相互に承認されている権利義務自体が、「法の保障しか頼りにできない人びと」を排除していることも考慮しなければなりません。それには、どのように対応できるというのでしょうか。

この点については、広中が、市民社会という言葉に、①資本制的生産関係を支配的な生産関係とし、②権力分立を基調とする民主主義的形態の国家をもち、③人間（人格）の尊厳を承認する社会的意識の一般的浸透を導いている社会、という限定をくわえていることが重要であると思います。

とりわけ「人間（人格）の尊厳」という概念は、「すべての人が平等な人格として」抽象的に観念されていたのを、二〇世紀中葉以降「人間としてとらえなおされる」ことにより、個々の人間は、生命、身体、自由、名誉その他その確保が各人の生存および人格性の条件であるような人格的利益の帰属主体として観念されるにいたる、とされていることが重要です。

なぜなら、広中は、人間の尊厳が各人の生存および人格性の条件であるようにという限定をくわえることで、社会意識に潜む「他者の排除」を防止しようとしているからです。(6)

つぎに、法の「執行」の曖昧性について、検討してみたいと思います。
広中は、法の「執行」の典型である裁判について、つぎのように言います。

裁判についていえば、近代国家の法機能について責任を負うのは立法府であるという見地から裁判官の責任をできるだけ小さくする議論は、現代の状況においては裁判官を安易な態度に導きかねない。安易な態度としては、とりわけ、支配的な政治勢力の暗黙の要求に対する迎合が重要である。ナチスに奉仕したようなものを解釈として観察し、そのような解釈は唯一のものではなく、裁判官によって選択されたものであったということをはっきりさせることが、私は必要だと思う。（同三三頁）

法の解釈が責任をもってなされるためには、自覚的な解釈基準が必要です。この基準にてらして、ある場合には現実適合性をめざす法解釈がとられ、ある場合にはそれが退けられます。これが、広中がいう法の「執行」の曖昧性への対処なのです。
最後に、それでは、法の抽象性にもとづく曖昧性についてはどうでしょうか。この点についての、広中のつぎのような議論は、執行についての曖昧性と密接に関連しています。

裁判官は、市民社会の（その構成員全体の）管理する国家に設けられた権力機構の司法部門の要員であり、このことに基づいて、裁判官が依拠すべきであると期待されるものは、市民社会に成立する諸秩序と基本的に一致するものであることを要請される。……個別事案を扱う裁判官に対しては――上述のようなものとしての法によって個別事案の裁判がなされることとなるように――個別事案についての結論を導く際に依拠する（いわば細目的な）法を取り出すべき源泉が指示される。

（広中俊雄『新版民法綱要第一巻総論』四二九頁）

制定法はそのままでは、具体的事件についての、裁判のよるべき基準にならないということがきわめて重要だと思います。制定法は法源（源泉）にすぎず、裁判官は具体的な解釈準則をそこから、個別の事件の「差異」を考えながらとりだすべきだとされているからです。法の抽象性は、具体的事件ごとに裁判官が裁判のよるべき解釈準則をとりだすことによって、緩和されるのです。

制定法を補完するもの

以上のような広中の法理論の結晶が、裁判官の法解釈による制定法に対する「反制定法的欠缺補充」です。欠缺補充とは、ある事態に対して必要と考えられる規律が、規定として文理解釈上制定法に欠けている場合に、それを補充することです。欠缺補充が必要となるかどうかは、市民社会に成立する諸秩序が多数の制定法をともないつつ形成している全体としての法が尺度となります。これにてらして必要と考えられる規律が規定としては欠けている場合には、欠缺を補わなければなりません。

広中の法理論でとくに注目されるのは、以下のように反制定法的な欠歓補充が認められる点です。

ある事態に対する規律が制定法の条文で定められているにもかかわらず当該条文とは無関係な形で論理的に成立可能な構成をととのえることにより実質上その規律に反する結果を導くような解釈（反制定法的法解釈）は、制定法が定めた規律が民事紛争の処理としていちじるしく妥当性に欠ける結果を当事者間に生じさせるものとなっており、立法部の対処を必要とするにいたっているのに立法措置がとられないでいる（いわば立法部の怠慢が認められる）という場合にのみ、正当なものというべきである。（同七五〜七六頁）

当然とられるべき立法措置がとられないでいるという状態のもとで、民事裁判は立法措置のいわば部分的代行をなすべき場合がある、と広中は考えているのです。法の曖昧性に対する対処という視点からみるとき、広中が、市民社会の紐帯である人間の尊厳によって、制定法を補完しようと試みていることが重要です。

解釈上の裁判基準としての『人間の尊厳』のルールも論理的には可能であろう。このようなルールは、個人の尊厳を基礎としつつそれを補充する細目的ルールともいうべき性質のもので、世界人権宣言二三条三項が労働者およびその家族についていう「人間の尊厳にふさわしい生活」の保障の、解釈による導入は、そのようなものとして成り立ちうる例であるように思われる。（広中俊雄「主題（個人の尊厳と人間の尊厳）に関するおぼえがき」『民法研究四号』七六〜七七頁）

広中の人間の尊厳にかんする考えの出発点には、世界人権宣言にはじまる、国際人権の考え方があることに注目したいと思います。

制定法にもっとも強く拘束される裁判官が、「反制定法的」な法形成をおこなう可能性を示唆することで広中は、制定法が市民社会の法となるためには、「補完」が必要な構造を有していることをみごとに解明してみせています。

その補完の中核に、「人間の尊厳」をおくことで、法の解釈の責任を負う裁判官や、法執行に携わる公務員だけではなく、むしろそれらの人びととまったく同等に、一人ひとりの市民が法の解釈の責任を担うべきだということを広中は強調しているのだと思います。

市民社会が国家を管理するのではなく、国家が市民社会を管理するにいたったときには、法の曖昧性に対処するために、裁判官は「反制定法的法形成」をせざるをえなくなります。裁判官がこのような法形成が可能なのは、法秩序、とくに人格秩序のなかに、「人間の尊厳」という市民社会の「命と良心」があるからでしょう。それが制度化されたものが、違憲審査制です。

違憲審査制は、市民社会の法のなかで、いわば「制度化された抵抗権」と呼ばれるべきものだと思うのです。

「抵抗」のひとつの形態が前章で考察した、「非暴力不服従運動」でした。しかし、そこまでいく前に、「人間の尊厳」にもとづいて、反制定法的に解釈準則を導く法源として、自由権条約、社会権条約上の権利が、裁判所において認められるべきであると思います。

区分所有法の憲法適合性についての大阪高裁の論理

これまで考察してきた実定法の「構造」の曖昧性を認識し、部分的ながらその「曖昧性」を乗り越えていくことこそ、法の制定、執行に携わる法律家に与えられた責務にほかなりません。

このような責務に裁判所はどのように答えたのでしょうか。千田さんたちの訴訟において、もっとも詳細な憲法判断をおこなった大阪高裁第四民事部（小田耕治裁判長）判決について、この点を検証してみたいと思います。(7)

大阪高裁判決は、団地一括建替え決議を規定する法七〇条の適用がある団地の場合には、通常の団地以上に団地としての一体性が強いと評価しうるという視点から出発します。すなわち、団地全体で一体とした住環境が形成されている実態に着目して、団地全体としてのマスタープランをつくり、それにもとづいて再開発を可能にすることが目的の法律だというのです。

敷地全体の利用方法を全体として見なおしたり、総合設計制度を利用して容積率のボーナスをもらったり、容積率に余裕がある場合には敷地の一部を売却し、建築費用を捻出して個々の区分所有者の建物の面積を増大するなどのメリットも獲得でき、立法の必要性があると認定されました。

さらに判決は、区分所有建物の場合、共有物分割というかたちで区分所有関係を解消することが不可能であることを強調します。そして、判決は、建替えがおこなわれることになれば、参加しない者について正当な補償のもとに区分所有権を移転させる制度が必要だとします。現行区分所有法は、一括建替え決議に反対し、参加しない場合には時価で買い取られることが定められ、少なくとも交換価値については保障されていることが重要になります。

そこから判決は立法目的の達成手段として団地一括建替え制度の必要性、合理性が存在すると認定しました。

以上の理由により、判決は、区分所有法七〇条およびその準用する同法六二条、六三条の規制目的は正当であり、規制手段が必要性または合理性を有するとし、同条は公共の福祉に合致する制限を定めたもので立法府の合理的裁量の範囲を越えないと結論しました。

区分所有法の立法過程の曖昧性

大阪高裁判決の問題点は、区分所有法六二条以下の一棟の建物の建替え決議にかんする条項と団地一括建替え決議の法七〇条の制度は、憲法との関係では同じであるといったことに集約されています。

大阪高裁判決は、法七〇条の憲法適合性審査において、一九八三年改正で設けられた一棟の集合住宅の建替えについての区分所有法六二条ないし六四条の規定と、二〇〇二年改正で新設された法七〇条の「問題は共通」であるとしたのです。

しかし、区分所有法についての注釈書である稲本洋之助・鎌野邦樹『コンメンタール・マンション区分所有法第二版』（日本評論社、二〇〇四年）は、同法七〇条の団地一括建替え制度について、つぎのように述べています。

> 今回の改正は、**これまでの区分所有法制とは異質の問題**（団地空間の利用権という公法と私法の境界領域）を持ち込んだものとして専門家の間にかなり厳しい評価が見られるところでもある（強調引用者）。

この点について敷衍しましょう。区分所有権に対する内在的制約、団体的制約の説明として、判決にもあるとおり「マンション形式の多層階の集合住宅においては、各専有部分の存立自体が完全に共用部分及び他の専有部分の存在に相互依存する関係になり、通常は、各区分所有建物（専有部分）のみを物理的に処分し、あるいは建替えることは困難」であることが挙げられます。しかしこの理由は、区分所有法七〇条が適用される団地においては、当てはまりません。団地内の別の区分所有建物の区分所有者間では、「各専有部分の存立自体が完全に共用部分及び他の専有部分の存在に相互依存する関係」にはないのです。ひとつの建物がこわれても、ほかの建物にはなんの影響もありません。

一棟の建物についてては、たしかに判決にあるように「民法の共有において共有物を変更するためには全員一致が必要であるが、それが得られない場合は共有者から共有物を分割して共有関係を解消してしまうことが法律上保障されているが、区分所有関係においては区分所有建物の分割を行うことは法律上無理である」という事情が建替えのために全員一致ではなく、多数決であることを正当化する、もっとも重要な理由です。しかし、団地にかんする区分所有法七〇条については、この理由は当てはまりません。

大阪高裁判決は、立法目的の必要性についても、立法目的達成の手段の必要性、合理性についても、一九八三年改正区分所有法六二条の問題と、二〇〇二年改正区分所有法七〇条の問題を同一に扱うという誤りをおかしたのでした。

＊　＊　＊

立法過程において政府委員は、二〇〇二年改正区分所有法六二条の一棟の建替えについて、客観的要件削除の目的を説明しています。

建替えの必要性に直面しているマンションの費用の過分性という非常に不明確な要件をこのまま残すことになりますと必要性のある建替えができない、正に建替えの円滑化をここで確保したいというのが法改正の趣旨です。

（衆議院国土交通委員会議事録三号、二〇〇二年、一一月一二日）

同じ二〇〇二年改正でも、団地一括建替え制度を新設した区分所有法七〇条の立法目的は、以下のように説明されています。

敷地の有効利用や一部敷地の売却を可能とし、団地にある区分所有建物の効用を増進し、団地全体の活性化を図るという社会経済政策を促進するためです。

（衆議院国土交通委員会議事録三号、二〇〇二年、一一月一二日）

つまり、二〇〇二年改正区分所有法六二条の立法目的と、二〇〇二年改正区分所有法七〇条の立法目的は、まったくちがいます。しかも、二〇〇二年改正区分所有法六二条は、客観的要件を削除するだけではなく、「その代わり、多数決において区分所有者の意見が十分に反映できるように集会の召集通知にゆとりを持たせ、通知の内容も法定して区分所有者への建替えの是非について検討するための資料の提供を確保し、かつ招集者に説明会開催を義務づけ」（前掲議事録）ることになっています。客観的条件を削除したかわりに、十分な情報にもとづいて、建替えか修繕かを判断するようにして、建替えに参加できない区分所有者の財産権を保護していこうとしました。

これとて、本件であきらかになった、管理組合と共同事業予定者による法の「適用」の曖昧性および、全部譲渡方式による等価交換事業という方式を採用したことで、建替えか修繕かについての判断をおこなうことが名目化してしまったことに鑑みれば、きわめて不十分な保護であったことはあきらかです(8)。

それに対し、二〇〇二年改正区分所有法七〇条は、正面から敷地の有効利用等の社会経済政策にもとづく目的を認めたのですから、建替えに参加しない区分所有者の財産権に対してどのような保護が必要かを、あらためて議論する必要が生じていたはずです。立法過程において、この点についてもまったく議論がなされていません。

一棟の建替えの場合は、建替えの必要性は、修繕に過分の費用がかかるということでした。団地一括の建替えは、居住者の生活ではなく「敷地の有効利用」という開発利益が必要性を左右します。そのため、団地に居住するけれど建替えに参加しない区分所有者の居住権、財産権が必然的に侵害されるという結果を招きました。

改正区分所有法七〇条の立法目的の検討において、「平成一四年改正前の建替え決議制度では、ごく一部の建物について建替え決議が成立しなければ、団地全体として建替えを断念せざるをえなくなるという状況があり、建替えを希望する多数にとっては、区分所有権を有効に利用できなくなり、実質的にはこれを侵害されていた」(大阪高裁判決文)とされています。しかし、各区分所有建物を所有権の個別の対象と認め、建物ごとの決議が成立することを前提として、敷地利用についての特別多数決議を認めた、法六九条の「建替え承認決議制度」も二〇〇二年法改正によって新設されています。それに加えて、なにゆえ法七〇条の制度が必要なのかの検討が不可欠だったはずです。問題はこれだけではありません。法七〇条の立法目的である開発が促進されても、所有権と呼べるのかあきらかでない薄められた権利しか分譲できないのではないかという問題があります。実際、『基本法コンメンタール・マンション法第三版』（日本評論社、二〇〇四年）は、法七〇条について、つぎのように指摘しています。

　制度としての区分所有での所有の要素が弱化したことは否定できず、従来からの区分所有像は変化したと言うべきであろう。

大阪高裁判決は、本件でもっとも問題とすべきだった、法の「制定」の曖昧性に対する立法過程のあきらかな瑕疵に着目せず、かえって、意図的にその瑕疵を糊塗するという、司法府の役割を放棄した判決だったといわざるをえません。

最高裁判決と法の曖昧性

くわえて報告しておかなければならないことがあります。本件の上告理由に対して、最高裁第一小法廷判決(9)（甲斐中辰夫裁判長）は、所有権の本質的内容である共有者全員が共有物の変更を決定することの例外を法七〇条がなしていることについて、憲法判断を下さなかったのです。

判決は上告理由を要約して、「上告人らは、区分所有法七〇条によれば、団地内全建物一括建替え決議においては、各建物について、当該建物の区分所有者ではない他の建物の区分所有者の意思が反映されて当該建物の建替え決議がされる」ことであるとしたのです。

しかし、上告理由でこのような主張はまったくおこなっていません。そもそも、確定判決がいう「当該建物の建替え決議」なる決議は、区分所有法七〇条において存在しません。区分所有法七〇条の団地一括建替え決議は、団地内建物全部の一括建替えをするか否かの意思表示を問う決議であって、建物ごとの建替えをおこなうか否かは個別には決議されない制度です。この点が、立法過程において、法制審議会では、団地一括建替え決議が見送られた理由であり、上告理由でももっとも強調された最重要な論点でした。

しかも、判決は、一棟建替えの場合の決議を定めた区分所有法六二条が十分な合理性を有するということからただちに、同法七〇条の団地一括建替え決議の合理性を認定するという大阪高裁と同じ過ちをおかしました。その際、「各建物単位では区分所有者の数及び議決権の過半数を相当超える議決要件を定めている」という点を理由としています。ここでも判決は、各建物単位での議決はなされないという事柄を見落としています。

繰り返し申し上げますが、二〇〇二年区分所有法改正の経緯のなかでは、法制審議会においても法務省の意見においても、土地と建物は別個の不動産であるから、土地を共有する団地内居住者の全体決議をする前に、建物ごと個別の決議が必要であるということを自明視していたため、団地一括建替え制度は見送られました。そうであるにもかかわらず、判決が法七〇条の基本構造をまったく誤解したため、立法過程の瑕疵について、あきらかな判断遺脱をしたのです。最高裁判所もまた、一棟の建替えと、団地一括建替えの本質的区別もできず、法の制定の曖昧性を見逃すことで、みずからの任務を放棄してしまいました。

区分所有法七〇条が規定する団地内の建物の一括建替え決議の制度は、そもそも建物区分所有権の処分変更の決議をする固有の権限をもつ建物ごとの集会において当該建物の建替えについて決議をおこなうという、所有権の本質にかかるもっとも重大な手続を省略しました。そして、団地建物の一括建替えについて、団地管理組合全体の集会における各区分所有者の棟ごとの所有者および議決権の三分の二以上という措置によって建替えを認める点で、土地とは別個の所有権の対象となっている建物区分所有権の制約の限界を超え、立法目的を達成する手段として合理性をもちません。

区分所有権は、居住用財産として継続性がとくに重要な財産権です。その権利が薄められ、居住の継続の観点からは、定期借地権よりも弱い権利となってしまったのです。立法過程に法の「制定」の曖昧性が端的に現れた事例でした。(10)

絶望からの「生きる勇気」

建替え推進派と共同事業予定者による全部譲渡方式による等価交換事業は、団地管理組合による

「私的自治」という美名のもとに、強者による、高齢者たちの「終の棲家」の剥奪を認める、典型的事例を提供してしまいました。

これは本章で述べた、法の執行の曖昧性であり、法の一般性が個別事例の「差異」に対応できない曖昧性でもあります。法の執行の曖昧性および法の一般性にもとづく曖昧性に対しては、民法および区分所有法について、市民社会の法の見地から制定法の解釈をおこなうことで、十分対応可能だったと思います。たとえば、本件には、団地一括建替え決議において、法が定める決議事項にくわえて、全部譲渡方式にもとづく等価交換事業として、リクルートコスモスを相手に建替えをおこなうというところまで決議されていたという、争いのない事実があります。そこから出発して、解釈準則として、建替え事業の方式と相手方を定める決議は管理組合の能力を超えて無効であるととらえることもできたでしょう。さらに、すべての敷地権の買主として決まっているリクルートコスモスは、一区分所有者の所有権を譲り受けることで、売渡請求権の行使の主体となったのですが、買受指定者は全員一致で決めるという法の趣旨からは、そのような売渡請求権の行使は無効だという解釈準則も十分可能だったはずです。市民社会の法の見地から解釈をおこなう機会は、無数にあったはずです。

さらに、法の「執行」を開発業者と結びついた管理組合の多数派に委ねてしまったことにより生じた曖昧性についても、同じことが言えます。事前開封で賛否欄までもが、建替え反対者とは利害が反する開発業者の代理人弁護士によって確認されていました。そういった投票過程が結果に影響をおよぼすべき違法を生じ、決議が無効であるとして多数決要件を満たしていないという解釈がとられるべきでした。

しかし、それらの論点についての判断という任務を、大阪地裁から最高裁判所までの裁判官は放棄しました。法の一般性・抽象性および法の「執行」の曖昧性を考慮して、個別の事案において法源である制定法から、解釈準則を導き出す役割が、裁判官に課せられたもっとも崇高な義務であるはずです。にもかかわらず、裁判官らは、当事者の「終の棲家」を剥奪する団地一括建替え決議を市民社会の権利義務に適合するよう変更するという準則を示すことを怠りました。

高齢化するわれわれの市民社会で、「所有権」という安定の代名詞になっている制度によって「マンションの生活」を保護することこそ、市民社会が形成しつつある権利義務規範となるべきではないのでしょうか。建替え決議の半年前におこなわれた老朽度判定調査では、千田さんらの団地建物に、建替えを必要とする老朽化はありませんでした。

しかし、千田さんらには、もはや戻る家はありません。

彼女たちが自分の半生をかけておこなっている問題提起を、わたしたちの市民社会が受けとることができる機会は、わずかながらも残されています。その機会が訪れることを祈って、本章の結びとしたいと思います。

閑話休題3　法学徒のための覚書

本章では、哲学者パウル・ティィリッヒの実定法批判の鍵概念である「曖昧性」を中核として、実定法の「構造」をあきらかにするとともに、法解釈の実践のなかで、実定法の「構造」をどのように「市民社会の法」に近づけていくのかという方法論を、民法学者・広中俊雄に依拠して叙述しました。

このような方法論を選びとったのは、「終の棲家」に住む権利がどのような状況にあり、その状況をどのように「市民社会の法」の見地から批判していくのかという「問い」を、わたしが弁護士として法実践から受けとっていたからです。しかし、この方法論に対しては、実定法の「構造」を規範であるとして考える立場から、「実定法が産出するのは、判決＝決定であって、正義ではない。正義による実定法批判と、実定法の「構造」の認識あるいは解釈を混同しているのではないか」という批判が寄せられると思います。そこで、本文が採用した方法論について、実定法の「構造」の見地からもう少し深く批判的に考えたい読者を想定して、「実定法とは何か」についての覚書を書いておくことにしました。

実定法の「構造」を規範であると考える論者の代表に、オックスフォードの法哲学者H・L・A・ハートがいます。

かつてわたしは『自由とは何か——法律学における自由論の系譜』(日本評論社、一九九三年)という著作で、実定法の「構造」についてのもっとも説得力ある説明として、ハートのモデルを紹介しました。彼は、法実践にかんする言語分析の手法により、実定法の「構造」を、法に拘束される状態である内的視点(internal point of view)と、法に拘束される状態を外部から観察する「外的視点」(external point of view)の両面から分析することを主張しています。

彼の主張を本章で扱った区分所有法七〇条の団地一括建替え決議の制度を例にして説明すれば、つぎのようになります。

「マンション建物は、マンション建物に専有部分を有し、建物の共用部分を共有するだけでなく、敷地権を共有する所有者の間での決定を経なければ、解体できない」というルール(建物と土地は別個の不動産であるということから導かれる帰結)に対しては、法七〇条により、団地の敷地が共有されている場合は、数個の建物の解体を一括しておこなえるという例外ルールが定められています。ハートはこれらのルールを、「義務にかんする第一次ルール」と呼びます。これらのルールが、国会により法律として制定され、裁判所が事案の解決においてこのルールを参照し、これらのルールに拘束されるという約束が、実定法の「構造」の根幹をなしています。訴訟当事者を含めた市民は、法の拘束を認めないでしぶしぶこのルールにしたがうことがありますが、裁判官はルールによる拘束を受けたものとして判決を下すのでなければ、そもそも実定法が存在するとはいえないというのです。

本件のように、ルールの変更、廃止の有効性が争いになる場合、どの義務にかんする第一次ルールが適用されるべきかについて、実定法は「承認に関する第二次ルール」を定めているというのが、ハートの主張の骨格です。そして、「建物と土地が別個の不動産であるというルールの例外である法七〇条が、憲法二九条一項、二項に適合することが、最高裁判所で宣言されれば、それは日本社会の実定法として最終である」というように、その社会で、それ以上依拠すべき承認のルールがないルールを彼は、「究極の承認のルール」と呼んでいます。

つまり、それ以上依拠すべきルールがないのですから、他のルールに言及することでは、そのルールの妥当性を立証することができない事実が実定法の「構造」の中核部分にあることを、ハートは重視します。「究極の承認のルール」は、ただ、法を観察する視点である外的視点からのみ、叙述可能になるのです。この主張にかんするハートの文章をご覧ください。

この最後のルールが裁判官、公務員、私人によって究極の承認のルールとしてのイングランドで使用されていると我々が言うとき、我々はその体系のあるルールの妥当性を主張する法についての内的言明から、**法体系を容認しないかもしれない観察者**が行うような外的視点へと移行しているのである。……究極の承認のルールが存在するという主張は、事実に関する外的言明でありうるのみである。……承認のルールは裁判所、公務員、私人が一定の基準を参照して法を確認する際の、**複雑ではあるが、通常一貫した実践**（practice）としてのみ存在するからである。その存在は、事実に関する事柄である。

(H. L. A. Hart, "The Concept of Law", Oxford Univ. Press, 1961, p. 107. 拙訳)

ハートが外的視点からのみ、究極の承認のルールが叙述可能であるとするのは、まさに、正義などの道徳によって法を批判する余地を残すためです。しかし、同時に、それは「法体系を容認しないかもしれない観察者」がおこなう批判を、法実践の外部に放擲するものなのです。

しかし、本章ではこの前提を受け入れることはできませんでした。「建物と土地が別個の不動産であるというルールの例外である法七〇条が、憲法二九条一項、二項に適合することが、最高裁判所で宣言されれば、それは日本社会の実定法として最終である」という究極の承認のルールの前提である、「最高裁判所の宣言」がおこなわれるべきであるにもかかわらず、そのような宣言を回避したままになる事態が、実際に起こっているからです。このことを、実定法の「構造」として、認識対象にとりこむ必要があると考えます。

ハートは、「複雑ではあるが、通常一貫した実践(practice)」を前提にして、法哲学を構築しています。しかし、市民社会の法という見地からすれば、むしろ法の制定、執行、一般性における「曖昧性」という見地から、実定法の「構造」を批判的に描き出すことが、どうしても必要だという立場を本書はとりました。

(1)大阪地方裁判所平成一七年(ワ)第八四一五号、平成一八年(ワ)第七二〇五号所有権移転登記等請求事件第一二回口頭弁論調書。わたしは、熊野勝之弁護士の依頼で、千田さんら被告の立場を余儀なくされた方々の代理人になりました。

(2)この点きわめて重要なのが、熊野勝之「居住の権利(ハウジング・ライツ)」近畿弁護士連合会編『阪神・淡路大震災人権白書――高齢者・障害者・子ども・住宅――』(明石書店、一九九六年)です。阪神・淡路大震災から一年を経て、熊野弁護士は、つぎのように語っています。『居住の権利』は、住んでいる場所に住み続けることが出来る権利(Right to remain)である。この権利が認められて人は初めて平和に、心穏やかに住むことができる。……自己の希望する場所に居住する自由は、単に住む場所を選択する自由だけでなく、そこに住み続ける権利であり、強制立ち退きをさせられない権利であり、不本意に移住させられた場合にはもとの場所に戻る権利である」。熊野・前掲書三二頁。

そこで熊野弁護士が地震について発したつぎの警告も、彼の闘いの意義を知るうえで、大事だと思いますので引用します。「今回の大震災が原発直下の活断層を襲わなかったことを天の与えた執行猶予と受けとめるべきである。この恩典を我々が軽んじるなら、その報いは大きく幾世代にも及びチェルノブイリの比ではないであろう」(同書五五頁)。われわれの社会がこの警告を受け止めることができなかった責任の所在について考えるために、伊方原発訴訟の代理人でもあった、熊野弁護士の「福島原発事故と伊方原発最高裁判決」法学セミナー六七八号四六頁(二〇一一年)は必読だと思います。

(3)法制定過程において重要な役割をはたした、吉田徹法務省参事官(当時。現在大阪地方裁判所裁判官)は、改正法の解説としてつぎのように書いています。

「同一の敷地内に複数の区分所有建物があり、その敷地を団地建物所有者全員で共有している団地においても、建物と土地は別個の不動産であるため、異なる建物の区分所有者間ではそれぞれ他の建物について何らの権利も持っていません。このため、これまでは、区分所有建物の建替えは、団地内にあるものであっても、その建物の区分所有者の集会の決議によって、建物単位で決定されることになっており、団地内の他の建物の区分所有者がこれに関与することは予定されていませんでした」（吉田徹編著『一問一答改正マンション法平成一四年区分所有法改正の解説』（商事法務、二〇〇三年、一〇三頁）。

にもかかわらず、団地一括建替え制度が制定された経緯について、吉田参事官は同書で「法務省では、関係者からのヒアリングを実施するなどして検討を加えたところ、一括建替え制度を導入することについて高い必要性と合理性が認められたことから、要綱に含まれない事項ではあったものの、これを改正法案に盛り込むことにしたものです」と書いていました（同一〇頁）。

法制審議会の専門家による「要綱」も「予定」しなかったことを、「ヒアリング」後には、「高い必要性と合理性が認められた」というのですから、この「ヒアリング」は立法過程の鍵を握る重要な資料ではないか、千田さんらの代理人である私が、法務省に「区分所有法改正に際し、平成一四年九月の法制審答申後法務省が行ったとされる関係者からのヒアリングに関する文書」について情報開示を求めたのは、このような理由からでした。

情報開示に対する法務省の回答は、「本件文書は作成されたかどうかも明らかではなく、現時点においては保有していないため」というものでした（法務省民総第一五九二号二〇〇七年八月三日行政文書不開示決定通知書）。

不存在という結果は、立法過程審査の見地からみれば、端的に、立法目的および立法目的達成手段の必要性および合理性の欠如を示していると思います。

（4）飯島正・升田純・元木周二・森田宏樹・吉田徹・内田貴「座談会・区分所有法等の改正と今後のマンション管理」ジュリスト一二四九号六頁における森田発言参照（九〜一四頁）。

（5）曖昧性とは、生のあらゆる過程が、積極的なものと消極的なものとの不可分な混合であるという事態を示す言葉です。これは、直接には、生が本質的なものでも、実存的なものでもなく、曖昧な性格を帯びていることから生じています。法の分野にかかわる正義（「他者を人格として扱え」）との関係でいえば、正義の内容は、他者との具体的な参与を抜きにして決定できないという、生と正義の不可分性から生じている制約であると考えられます（ティリッヒ『組織神学第三巻』四〇、五七頁）。
(6)広中俊雄『新版民法綱要第一巻総論』一〜三、一三〜一五頁、創文社、二〇〇六年。
(7)平成一九年（ネ）第三三八六号所有権移転登記手続等請求控訴事件にかかる、二〇〇五年五月一九日判決。
(8)それどころか、二〇〇二年改正法が、区分所有法六二条から「建替えに過分の費用がかかる」場合という客観的要件を削除したこと自体についても、重大な憲法上の疑義が提起されていました。
　この点については、民法学者の山野目章夫による以下の文献が重要であると思います。山野目章夫「マンションの建替えをめぐる法律改正の評価」ジュリスト一二四九号四四頁。

　なお、山野目氏は、客観的要件に関する条項が削除されても、実際に客観的要件の存在しない建替えは、憲法二九条三項にいう「公共のために」用いるという場合に該当しないものであり、同条が禁じる「私的収用」であるという見地から、区分所有法六二条および七〇条の要件の解釈を厳格におこなうべきであるという趣旨の意見書を、本件控訴審に提出されています。
(9)二〇〇九年四月二三日判決（判例時報第二〇四五号一一六頁）。
(10)吉田邦彦「老朽化マンション（特に団地）の建替えを巡る諸問題と課題――千里桃山台事件（最判平成二一・四・二三）の検討を通じて」（判例時報二〇八〇号三頁、二〇一〇年）は、「長年の生活の本拠として、人格形成にも関わる人格権的な居住所有権侵害が問われているという意味で、もっと慎重に憲法二九条違反性が判断されてもよかった」「団地の一括建替え決議制度は、平成一四（二〇〇二）年改正で創設されたかなりドラスティックな制度であり、しかも、十分な審議を経ずに、業界圧力の下にできてしまった。……そうだとすると、司法の役割として、そうした『立法不全』を矯正すべく、居住弱者の砦としての司法の役割を認識した批判的な法適用が求められよう」と指摘しています。にもかかわらず、所有権法の専門家である吉田が、団地一括建替え制度の憲法的論点として、各棟建物ごとの集会における建替え決議（すなわち、各区分所有権が依存せざるをえない、各棟建物の共有部分の共有者全員による決議）の欠如を問題視しなかったのは、立法過程における法の曖昧性の最大のものを見落とすことになるだけに、不思議としかいいようがありません。

第4章

国民国家の魔神性について

国家の析出

近代が生み出した、もっとも強力な概念装置は「国民国家」である――。多くの人がこう指摘しています。「国民国家」の概念は、「国民」という概念と「国家」という概念の複合ですが、このうち、「国家」という概念のほうが人類の歴史に先に登場しました。

憲法学では、「憲法とは『国家の基本法』である」と定義されます。

一定の限定された地域（領土）を基礎として、その地域に定住する人間が、強制力をもつ統治権のもとに法的に組織されるようになった社会を国家と呼ぶ。したがって、領土と人と権力は、古くから国家の三要素と言われてきた。（芦部信喜『憲法』三頁）

しかし、このような定義だけで、「国民国家」について考察を深めることはできません。ケンブリッジ大学の政治思想学者であるクエンティン・スキナーは、新しい政治思想史の方法論にもとづいて、『近代政治思想の基礎』を著し、「国家」概念の析出をみごとに浮き彫りにしてきました。

一七世紀のはじめには、国家の概念――その本質、その権限、その服従を命じる権利――はヨーロッパ政治思想の最も重要な分析対象とみなされるようになっていた。

（クエンティン・スキナー『近代政治思想の基礎』六二九頁）

そのように言う根拠としてスキナーは、近代的な「国家」概念の獲得のためのもっとも重要な前提条件として、以下の四点を挙げています。最初の条件は「承認」です。

政治学の分野が、道徳哲学の明確な一部門として、統治術に関係した一部門として、考察されるべきものであるということが、承認されたこと。

（同六二九頁）

スキナーは、「国家」の析出の第一条件として、「政治学」の分野が学問として承認されたことを挙げました。その行論は以下のとおりです。

アリストテレスは、『政治学』で「最高の共同体」を「政治的共同体」と表現していました。これに対し、アウグスティヌスが『神の国』において、真のキリスト者が気にかけるべきは「この世的な生活」ではなく、「すべて世俗的なはかないものは見しらぬはじめての土地の人間のように扱い、そんなことで自分を危険に陥れたり神に至る道からそらしたりしないよう」にと主張し、アリストテレスの影響をかき消しました。ですから、近代政治思想の土台は、アリストテレスの『政治学』をとりもどして翻訳することにはじまります。その最初の自覚的な政治学者は、ダンテの師匠でもあった一三世紀のラティーニです。彼が政治学の著作を著したのは、『政治学』翻訳の直後でした。

スキナーがいう「国家」概念獲得の前提となる二番目は「独立」です。

第二の前提条件は、なんらかの外的な上位権力から、各王国或いは都市国家が、独立の正当性をもつべきだという要請が存在すること。(同六三〇頁)

近代的国家概念の形成へ向けてもっとも重要な措置が講じられたのは、一四世紀のローマ法学者であったバルトルスとその教え子たちが、イタリア「王国」の各「都市国家」はたんに神聖ローマ帝国から事実上独立した地位にあるだけではなく、「いかなる上位者も認めない独立の結合体」として法的に認められるべきであると主張したときでした。

さらに三番目の条件は、「最高性」です。

近代的な国家概念にたどり着くための第三の前提条件は、各独立王国或いは都市国家内の最高権力が、立法権及び忠誠対象として、それ自身の領域内において、競争相手が存在しないことである。(同六三一頁)

「政治的主権」という考えは、中世ヨーロッパにおいては、二つの権力によって妨げられていました。ひとつは、封建的な社会機構を下支えする法的な前提であり、もうひとつは、立法権者として行動してきた教会です。このうち、教会の統治権に対する最初の全面的挑戦は、一四世紀前半にパドゥアのマルシーリオにはじまります。マルシーリオは、聖職者によって所有されているいかなる最高権力も、「教えをとくことと実践すること」だけであって、「強制力も世俗的な支配権も」行使できないと主張しました。さらに封建的な社会機構を下支えする法的前提に対しては、一六世紀の法律学者であるシャルル・デュ・ムランによります。彼は、王権は封建的ピラミッドの頂点ではなく、むしろその下にすべての市民が臣民として法律的には区別されず、一列にならべられる統一的な絶対的な権力であると主張します。そして一六世紀の終わりごろまでには、国家をそれ自身の領域内での唯一のイムペリウム（最高権力）であるという考え方が定着するとともに、すべての法人、組織は国家の許可をえてはじめて存在するものであると認められるようになったのです。

四つめは、「目的」が限定されていることです。

最後の最も重要な前提は、政治社会がただ政治目的のためだけに存在するという考え方が定着することである。（同六三二頁）

宗教改革者も、カトリックの反宗教改革者もともに、統治の主たる目標は「真の宗教」とキリスト教会を維持することにあるとして、敵対しあう宗教的信条の唱導者たちがたがいに死ぬまで戦うことを正当化していました。それに対し、政治にかんする理論に携わる人びとに、市民の平和を達成するためには、国家権力はなんらかの特定の信仰を護るべき義務から完全に切り離されなければならないという洞察が生まれました。このような主張の嚆矢は、フランスの法学者ジャン・ボーダンです。「宗教問題でおこなわれる戦争」は、じつは「君主の財産に直接かかわるような問題にもとづいていない」という醒めた認識を、はじめてボーダンが披露したのです(1)。

一六世紀に完成する以上のような「国家」の概念の析出と併行して、国家における支配者に対する政治的な抵抗権の概念が析出されました。

逆に言えば、自分が正しいと信じる「真」の宗教とちがう宗教を奉じる君主に対する抵抗は、プロテスタントにおいてもカトリックにおいても、神への義務でした。君主のおこなうべき政治にかんする事柄から、正しい宗教の維持がはずされて、はじめて「権利」としての抵抗権概念が析出されたのです。

法に拘束されない君主の決断である「主権」は、この抵抗権を否定するためにボーダンによって考え出された概念装置でした。ボーダンの主権は、定義上、合法的な抵抗を免れているものであり、かつ、法をつくる権力であって、実定法に従うべきいかなる責務からも免れていました。後年、ドイツの法学者カール・シュミットがモデルとしたのは、抵抗権を根絶させる目的で抽出された、この時代の「主権」概念だったことが、人権＝抵抗権という視点からは、重要です。

というのは、「国家」の析出の最後の決め手は真の宗教の擁護という任務を「政治の領域」から除外するものであり、その裏返しとして、真の宗教を擁護するための「抵抗義務」が、抵抗権へと発展する余地が生じました。まさにこの瞬間、抵抗権の対象とならない、法に拘束されない「主権」という概念が生まれたからです。(2)

「国家」の「主権」について

「国民国家」は、概念装置として強力であるばかりではありません。その領域内に住む人びとはもとより、領域外に生きる全世界の人びとに対しても強い力をもっています。すべての人びとが、国民国家が遂行する戦争の犠牲となって屍となりうる存在です。つまり、その「生殺与奪の権限」を握っているという意味で、政治的存在としても、国民国家は「魔神（デーモン）」と呼ばれるにふさわしい実体を備えています。

その「国民国家」の真の姿はなにか。「主権」という言葉を手がかりにしたのが、ナチスの「イデオローグ」として断罪を受けてきた先の法学者カール・シュミットです。一七世紀フランスの絶対主義王政との対比において、国民国家を鮮烈に描きだすことにシュミットは成功しました。(3)

前章「市民社会の法について」では、民法学者広中俊雄の理論を手がかりに、哲学者パウル・ティリッヒが指摘する、三つのレベルの法の「曖昧性」を考慮に入れながら、それらを乗り越えるべき方法論について考察しました。そこでは理論と実践を考える前に、日本社会において「人権という幻」を描きだすため、「原風景」として魂に刻みつけておかなければならないことをまとめました。「分譲マンションを終の棲家とする生活」をささえるはずの区分所有権が、二〇〇二年区分所有法の改正により崩壊しつつあります。その事態には、法七〇条の制定過程の曖昧性、法の執行段階の曖昧性、法の一般性が具体的事例に適合できないという曖昧性のそれぞれが関係していました。そこで描かれたのは、市民社会の法の基礎にある「区分所有権にもとづく終の棲家」という「生の形式」が無惨に破壊され、市民一人ひとりを「剥き出しの生」のなかで管理していくという、「生政治」(bio-politics) の常態化という現実です。

本章では、「市民社会の法」を維持する役割をはたすべく創設された国家が、市民社会を管理し、市民社会の成員の「生殺与奪の権限」を独占している事態の実像について考察することにします。そのためにまず、「国民国家」がその領域に属する市民に対し、「主権」にもとづいて、「生殺与奪の権限」を有している構造を分析する必要があります。

> 万事が重大な二者択一を形成し、その厳しさは、永遠の対話などというよりむしろ、独裁のひびきを持つのである。
> (カール・シュミット『政治神学』七〇頁)

と主張し、「主権」を例外状態における決断の問題であるとしたのは、シュミットでした。そのシュミットに依拠しながら、イタリア人哲学者のジョルジョ・アガンベンは、「国民国家」が「剥き出しの生」を管理することが常態化しているという警鐘を発しています。アガンベンによれば、アウシュビッツの収容所では、権威（＝保護）の名において、あらゆる残虐な虐殺行為が犯罪になることもなく、公私の区別すらも失った人びとに対し、おこなわれました。その虐殺は「例外状態」ではなく、いつでも起こりうる――。例外と原則が逆転した事態になっているのです。(4) この例外と原則の逆転を示す装置が「収容所」です。

収容所は、「例外状態」と戒厳令から生まれました。すなわち、ナチの収容所の法的起源は、保護拘留であったのです。この制度は、刑法上罰すべき行動とは何のかかわりなく、ただ国家の安全に対する危険を回避するというだけのために個人を「保護」することを可能にする制度でした。そして、収容所とは、「例外状態」が規範そのものになりはじめるときに開かれる空間のことであると、アガンベンは言います。法秩序が全面的に停止されている例外的空間であるからこそ、そこでは一切がほんとうに可能になるのです。

人間の生の形式（ライフ・スタイル）は、つねに可能性という性格を保存しています。人間は、製作することも製作しないこともでき、成功することも失敗することもできる存在であって、生において幸福が問題となる唯一の存在です。収容所は、人間を「剥き出しの生」のなかに投げ出し、この「可能性」そのものを奪ってしまいます。人間の生きることの形式は、つねに可能性という性格を保存していますが、それ自体が喪失させられてしまうのです。アガンベンは、そのような可能性を奪われた例として、アウシュビッツという収容所で「回教徒」と呼ばれていた、厳しい寒さと残酷な命令の区別もできなくなった状態にいたった人びとを挙げます。(5)

アガンベンは、ベンヤミンの「抑圧されている者たちの伝統がわれわれに教えるのはわれわれが生きている『例外状態』は規範である、ということである。われわれは、この事実に対応する歴史概念に到達しなければならない(6)」という言葉を重視します。

現代にも、イラク兵を収容しているアメリカのグアンタナモ基地や、民族抹殺の名において「強制収容所」が組織された旧ユーゴスラビアがあります。ベンヤミンが予言したように、「例外状態」の規範化が生じているといいます。そして、国民国家の「主権」の問題は、この「例外状態」において法秩序の停止をおこない、国民国家に統合されない人びとを共同体から排除することを決定する権威の問題であると、喝破しています。この観点からすれば、国民国家の「主権」は、警察の暴力装置との類比によってあらわすことが可能になります。国民国家が、ぜがひでも獲得しようとする目標を法秩序によってはもはや得られなくなっているとき、法秩序を停止して、その目標を暴力的に実現するのが、国民国家の「主権」だということになるからです。

アガンベンは、ドイツ「第三帝国」を対象とする歴史家を驚かした事実として、ユダヤ人の絶滅が最初から最後までもっぱら警察的作戦行動として構想された、という事実を重く見ます。人種殲滅の決定にかんして入手できる資料は、ゲシュタポの部長アイヒマンが、一九四二年一月二〇日に、部下を集めて開いた会議にかんする議事録だけであるというのがその証拠です。ユダヤ人の殲滅があれだけ方法的かつ残虐でありえたのは、それが警察的作戦行動として構想されたからにほかならないと、アガンベンは指摘しています。「主権」はこの「剥き出しの生」を自分の手中におくことで、その隠された秘法としての姿を現すのです。

アガンベンの主張は、わたしの十数年にわたる弁護士活動において経験した事実にぴったりと一致しています。わたしが弁護士登録した一九九七年一月には、谷町にあった大阪入国管理局・西日本収容センターが、その後茨木に移転し、現在では大阪南港コスモスクエアにあります。そこはまさに、アガンベンのいう「収容所」であって、法秩序が停止された状態で、権威（＝保護）の名で、ライフ・スタイルを失って「剥き出しの生」を生きる人びとへの支配がおこなわれています。

オーバーステイ、不法滞在者、非正規滞在者などのさまざまな名称で呼ばれる人びとが、日本社会で生きる「資格」のない人間であるとレッテルを貼られたうえで、すみやかに「強制送還」を甘受するか、いつ終わるともしれない「収容」に耐えるかのジレンマに立たされています。

仮放免、在留特別許可などの制度はありますが、これらはけっして権利として認められるのではなく、「生殺与奪の権限」を握る、入国管理局（法務大臣）によって、恩恵として与えられるにすぎません。

しかし、この状態は、「不法滞在者」だけでなく、むしろわたしたち全員の規範になってしまっているのではないでしょうか。そんなことはないだろうという読者がたくさんいらっしゃるかもしれません。そこで、「国民」たる地位にない者のおかれている「例外状態」は、けっして例外ではなく、「規範」になってしまっているということを、本書の主題とします。

出生地からの強制送還

別言するなら、「国民国家」の考察には、「不法滞在者」の対極にあるとされる、「国民」たる地位＝国籍についての醒めた分析がぜひとも不可欠となります。すなわち、「国民国家」という共同体がこの「魔神性」から脱却するためには、「だれが国民とされるのか」「『だれが国民とされるのか』をだれが決めるのか」「国民とされない人間はどのような状況におかれるのか」の三つの問題を考察しなければなりません。

本章では、このうち「国民とされない人間はどのような状況におかれるのか」について、ある一家の運命をたどることによって、考えてみたいと思います。

夫金さん、妻田さんのご夫婦は、済州島に住んでいました。夫は、潜水服を着て海に潜り、漁業を営んでいましたが、海女の人びとの漁業権を侵害するのではないかという問題が生じました。当時、「東洋のハワイ」として観光ブームにわいていた済州島では、漁業を廃止するみかえりに、観光バス一台を補償するという対策をだしました。しかし、自分の持ち船がなかった夫は、失業してしまいます。夫婦で相談したうえ、日本の知人を頼り、日本へ出稼ぎにいくことにしたのです。

夫は、一九九〇年に吹田市でアパートを借りて、当初、し尿処理の仕事をしていましたが、下水管工事の仕事につき、安定した収入を得るようになりました。妻は、洗濯工場であらゆる仕事をこなしました。一九九四年三月に長女が生まれ、幼稚園、小学校を卒業し、中学校に進学しました。

やっと生活が安定した矢先、二〇〇七年二月二〇日の朝午前五時三〇分ごろ、大阪入国管理局の数名の入国警備官が、一家の住むアパートにやってきました。そして「収容令書」を示し、当時、茨木市にあった西日本収容センターに一家三人を連行したのです。夫は、その日のうちにセンターに収容されましたが、妻と長女は、帰国するためのパスポートを大韓民国領事館から取得するようにいわれ、いったんは家に帰されました。

長女は、このときまで、両親が「不法滞在」であったことを知りませんでした。日本で生まれた彼女も、事情を知ろうと知るまいと、出生後一年をすぎると自動的に「不法滞在」になってしまいます。彼女は、中学校一年生の一二歳で刑事罰の対象ではありませんが、収容および強制送還を免れることはできません。見たこともない自分の国籍国に「強制送還」される——。そんなことに、彼女はまったく納得できません。

母親が、通っている教会の牧師の紹介でわたしの事務所に相談に来たのは、父親が収容されてから一〇日経った、三月一日でした。長女がどうしても大韓民国に行くことを納得せず、なんとか日本に引き続き在留する道がないのかという相談でした。この間、父親は「娘と妻が残れるのならこのまま帰ります」と入国審査官に訴えましたが、まったく聞き入れられませんでした。結局、父親に対する強制送還手続きは速やかに進み、退去強制令書が発付されてしまいました。

このような相談を受けたら、みなさんはどのように対応するでしょうか。夫婦が観光ビザで入国し、一四日間の在留期間を超えて滞在したのは違法であり、日本に在留を続けようというのは、一切の法の保護を与えられないのでしょうか。そうだとしましょう。

では、日本で生まれた少女についてはどうなのでしょうか。

日本国により資格を与えられた弁護士であるわたしには、彼女が強制送還されるのを防ぐ法的手段を提示することも、強制送還される理由を提示することも、何ひとつできませんでした。結局、父親に対する退去強制令書の取消訴訟を提起するとともに、母と子は入管に在留特別許可の申請をしました。しかし、わたしが相談を受けた三年後である二〇〇九年三月に一家は、船で釜山へと「強制送還」されてしまいました。この一家の事件の代理人として入国管理局と交渉し、裁判所で弁論をおこなう過程で、国民国家・日本は、日本国内で出生した少女をなんの法的保護もない状態で「強制送還」する、デモーニッシュな国家であることを痛感しました。

彼女は日本で生まれて、日本社会の成員として学校に通い、友達をつくり、夢をもち、これからも当然、日本社会で生きていこうとしていました。ハングルを聞くことは、十分ではありませんができます。しかし、しゃべること、読むこと、書くことは、ほとんどできません。この「強制送還」は、彼女にとっては国外追放です。「残虐な刑罰」として廃止されたはずの「刑罰」が、彼女に対して執行されました。彼女が日本社会および日本国に対し、いったい、どのようなことをしたというのでしょうか。彼女がおこなったのは、ただ生まれるということだけです。「不法滞在」は彼女の両親の犯罪であり、彼女にはなんの問われるべき罪もないはずです。

転勤で一緒についていかなければならない子どもも、転校などで同じように苦労する。しょうがないじゃないか。

わたしと一緒に彼女が入国調査官に在留を続けるという意思表示をはじめてしたときに、調査官が彼女にいった言葉です。

両親が不法滞在したからしょうがないではないか。両親が強制送還される以上、一人では在留できないのだから、違法ではない。

裁判所が彼女にいった言葉です。恨むなら、親を恨めというのです。

彼女の父親は、収容センターに一〇か月収容されていました。仮放免で家に帰ってきましたが、前のように働くことはできません。彼女の母親は、入管から厳しく監視され、生活のための仕事も続けられませんでした。それでも一家は、とにかく、「韓国に行くなら、死ぬ」という長女の悲痛な叫びにこたえるため、日本でがんばっていました。しかし、二〇〇八年一二月に最高裁判所が上告棄却の決定をし(7)、彼女たちの望みは絶たれました。前に父親が帰国するといってしまったことが、法的判断で決定的でした。入国管理局も、彼女らが在留したままで在留特別許可を付与することはありませんでした。帰国間際に入国管理局との交渉で提示されたのは、いったん一家三人が帰国し、彼女だけ日本の親戚を頼って再入国するような申請を出しておけば、一年以内に彼女だけ戻ってくることができるというものでした。入国管理官は彼女に同情を示し、少しでも早く日本に再入国できるように法務省とかけあってくれました。

しかし、済州島に帰ってようやく落ち着くところに、一人でなら日本に帰ってきてよいというのは、彼女からすれば、運命を弄ばれているようなものです。法を制定する共同体である国家が、「共同体」の成員以外の人に対し、端的に「法とは無関係に」剥き出しの権力として出現するとき、国家のデモーニッシュ性はその姿をもっとも明確に現します。日本社会しか知らない少女の人生を国外追放によって奪ってしまう「国民国家」は、「両親が悪いのだからしょうがない」という非合理なつぶやきをおこなうだけで、彼女に理由を告げようともしません。少女は、「国民国家」の対話の相手ではないのでしょうか。

「在日」に対する強制送還？

この問題は、ひとり、「不法滞在者」だけの問題ではありません。日本で生まれ、日本で育ち、日本語で生活し、日本社会への帰属をアイデンティティの中核にもつ在日コリアンは、「不法滞在者」とはちがい、現在では、特別法にもとづく特別永住権を有していますが、「出生国からの強制送還」を免れているわけではありません。げんに再入国が保障されず、出生の地を踏むことを禁じられて、「強制送還」された在日コリアンはたくさんいます。

このことにかんして、韓国籍をもつ在日コリアンとして、はじめて弁護士になった金敬得（キム・

キョンドク）弁護士はつぎのように述べています。

強制送還された者は、言葉の通じない韓国ではそのほとんどが行方不明となり、危険を冒して日本への密航を企てるようになる。密航が成功したとしても、一生密航者として暮らしていかなければならず、失敗した場合には大村収容所に収容された末に再送還されるのである（実際、昨年一名が再送還されたという）。

在日同胞の強制送還問題は、少数の「犯罪者」に限定される問題ではなく、六七万在日同胞の法的地位に関するものである。

また、それは韓日間においては、三六年の植民地支配をいかに評価するか、という原理原則的なものであると考えられる。こうした不当な強制送還問題がなくならない限り、在日同胞の解放及び韓日の真の友好関係はありえないだろう。

（金敬得『在日コリアンのアイデンティティと法的地位』一〇二～一〇三頁、強調は引用者）

金弁護士は、司法試験に合格したとき最高裁判所任用課長から、「帰化を条件に採用する」と言い渡されました。金弁護士は、「帰化したわたしがどうして、在日同胞の信頼をうることができるでしょうか」と最高裁に逆に問いを投げかけ、最高裁判所は方針を転換して、金弁護士を修習生に採用したのです。金弁護士は、二〇〇五年一二月に亡くなるまで、この問いをわたしたちの社会に発しつづけました。

この課題を、わたしたちはどのように継承していかなくてはならないのでしょうか。「国民国家」にある残虐さを明るみに出し、真の姿に名前をつける作業――。これが、日本社会で生まれ、育ち、暮らしたという人間存在の「深み」から出発する「対話と尊厳の憲法学」にとって、最大のそして、もっとも困難な課題となるのだと思います。

多くの人は、日本で出生した少女の運命に同情はしても、強制送還自体は「親」の責任でもあり、しかたのないことだと考えていると思われます。しかし済州島に「強制送還」された少女の自由と運命は、ウォルツァーのいうように、じつは、われわれがどのような社会に住み、どのような社会として自己を定義していくかの根幹にかかわる問題です。そのことの意味を、もう一人の方の人生を通して考えてみたいと思います。

国家の魔神性

パウル・ティリッヒは、宗教の定義を、各人に究極的関心を要請し、各人の究極的関心の対象となる事柄であるとしています。そのうえで、ティリッヒは、国民国家がそのような宗教的存在（＝偶像礼拝の対象）になることに警告を発しています。(8) 一人ひとりに究極的関心の対象であることを要請し、各人のアイデンティティの深奥くまで入りこみ、最後には使い捨てるのが、国家だというのです。

その意味を、鄭商根（チョン・サングン）氏の裁判を通して確認しておきましょう。(9)

彼は、二一歳のとき、故郷の済州島に新婚の妻と赤ん坊の長男を残して、海軍軍属として招集されます。鄭氏は、釜山港からマーシャル諸島ウォッゼ島に赴任し、飛行場の修繕労働中、爆撃を受けました。そのため、右前肘切断、左母指機能障害、両鼓膜穿孔、混合性難聴の身体障害を負いました。等級でいえば、三級になる重度の障害です。彼は、日本に忠誠を示して怪我をしたものとして、一九四四年一月「内地」に来て治療、訓練を受けていました。一九四五年の敗戦時以降も、大阪で廃品回収等をしながら「在日」として生きていました。韓国に戻っても生活ができないだけではなく、日本のために怪我をしたということは、まったく栄誉にもなりません。故郷にも帰れず、大阪で生計を立てざるをえなかったのだといいます。

その彼が、サンフランシスコ講話条約で日本国籍を喪失したという理由で、軍人軍属に支給されるはずの補償金から一切排除されてしまいました。彼は国を相手取り、受給資格の確認と不支給処分の取消、支給金相当額の賠償を求めて訴訟を提起しました。一審の大阪地裁は、「憲法一四条に違反する疑いがあるといわざるを得ない」としながら、鄭氏のような立場にある人びとの権利は、日本国と大韓民国の「外交交渉」に委ねられたというフィクション＝嘘を使って、鄭氏の権利を否定したのです。

一審判決後、鄭氏は、控訴審開始前に憤死されました。その当時のことを、代理人であった丹羽雅雄弁護士は、つぎのように記しています。

鄭さんは、判決直後、無言のまま原告席を離れなかった。鄭さんにとって、「憲法一四条に違反する疑いがある」とする判決は、何らの解決にもならないものであった。その後、鄭さんは大阪高裁に控訴したものの、健康状態を悪化させ、一九九六年二月二九日帰らぬ人となった。亡くなる直前には、鄭さんは、日本的なものを全て拒否し、韓国語しか話さなかった。

（丹羽雅雄「在日韓国人元軍属の戦後補償」『戦争責任研究』一六号二二頁）

わたしは、丹羽弁護士の要請で、控訴審の大阪高裁段階からこの訴訟の代理人になりました。裁判長はわれわれ弁護団に、「鄭さんが死んだ以上、訴訟が相続人に受継されないのではないか」という戦傷病者援護法の法解釈を、最初の打ち合わせで示しました。この点については、鄭氏の配偶者と長男が、五〇年以上生き別れになっていたにもかかわらず、父親の「恨」を知って訴訟を引き継ぐことを承諾していただけに、なんとしても乗り越える必要がありました。

実際、最後には、訴訟受継自体は認められました。しかし、彼を排除する根拠となった、援護法の国籍条項・戸籍条項は、一体として、憲法一四条の定める法の下の平等に違反する無効なものであるという肝心な点については、再び敗訴の結果となりました。その大阪高裁の論理を分析してみたいと思います。

＊　＊　＊

まず、大阪高裁は、「一般に、戦争は国の存亡にかかわる非常事態であり、そうした状況の下では、国民の生命、身体及び財産に関する戦争犠牲または戦争損害は国民の均しく受忍しなければならなかったところであり、こうした犠牲又は損害に対する国の補償には莫大な国家予算をあてる必要性が予想されるものであるから、国がいかなる範囲のものにいかなる補償を行うかは国民感情や社会・経済・財政事情及び外交政策、国際情勢等をも考慮した政策的判断を要する立法政策に属する問題であるというべきである」としたのです。

そのうえで大阪高裁は、①援護法は戦傷病者、戦没者遺族等に対し、国家補償的見地から、国家財政の許容する限度において、できるかぎりの援護をすることを目的に、恩給法に準拠して制定されたものであること、②援護法は社会保障法の性格をもあわせ有すること、③外国人に対しては賠償問題として考慮するとの政策判断を前提としたこと、④援護法の立法に際しては、朝鮮半島および台湾出身者の軍人・軍属およびその遺族に対する補償問題が、右各地域施政当局とのあいだで、特別とりきめの主題とし、外交交渉により解決すべきことが予定されていたこと、⑤日本政府と韓国政府は、在日「朝鮮人」の日本国における法的地位について、他の諸問題との関連上最終的合意にはいたっていなかったこと、の五点を認定しました。

これらの点から、裁判官は、「朝鮮半島及び台湾出身者らに対する戦争被害に基づく補償については、二国間協議による解決に委ねることとし、これらの地域出身者については、戸籍条項を設けて援護法の対象外としたことには合理性があったものというべきである」という結論を導きました。

しかし、一方で大阪高裁は、「一九六五年六月二二日に締結され、同年一二月一八日に発効した、日韓請求権・経済協力協定によって、在日韓国人の元軍人・軍属及びその遺族に対する補償措置が宙に浮いたまま置き去りにされたこと」をも認定しています。

その認定はきわめて重要なはずでしたが、高裁はその点を無視し、「附則は、朝鮮半島等の旧植民地出身者に対する補償は援護法の適用によっては行わないという政策的判断に基づき設けられたものであり、**立法当時において、附則を設けたことには合理性があったといえるのであり**、以上のような現状を考慮して、我が国が在日韓国人の元軍人・軍属及びその遺族に対しいかなる措置を構ずべきか」について、違法性は生じないとしました。

人間としては「これらの者が、長年補償対象から除外され、その経済的損失も莫大な額に達していることは由々しき事態」であっても、その事態に対して、裁判所の応答責任はないというのです。

大阪高裁判決によれば、援護法の附則二項が定める戸籍条項は、「援護法の制定経過によれば、同法の適用開始当時、朝鮮半島及び台湾の旧植民地出身者の国籍の帰趨が不分明であったので、これらの者については援護法による援護の対象としないという政策的判断を明らかにするため、従来の法令用語による『戸籍法の適用を受けない者』との表現でこれらの者を適用から除外することを明確にしたもの」にすぎないといいます。

しかし、戸籍条項の目的は、つまるところ、旧植民地出身者を除外する点以外にはありません。援護法が制定される段階では、在日韓国人がサンフランシスコ講和条約によって国籍を失うことは不分明ではなく日本政府の既定方針でしたし、韓国政府もそれを前提にして日本政府と外交交渉をおこなっていたのです。大阪高裁もこの点を知っていました。「(在日「韓国・朝鮮人」は)日本政府としては同条約の発効により国籍を喪失するという解釈をしていたこと、韓国政府も在日「韓国人」が韓国の国籍を有することを当然の前提としていた」と認定しているのですから。

在日「韓国人」が、援護法の制定過程において国籍を喪失することが予定されていたとすると、戸籍条項の目的は国籍保持者(あるいは援護法の関係では国籍保持者と同等に扱われるもの)から、「戸籍法の適用を受けない者」を排除することで、まさに、「旧植民地出身か否か」という区別、すなわち「内地人」なのか、「外地人」という身分にもとづく差別をすることにあると考えざるをえません。

*　*　*

この消息を、憲法学者の棟居快行は、つぎのように明言しています。

戸籍法自体はその人的対象を明記している訳ではないが、旧戸籍法(一九四七年まで有効)の戸籍をそのまま引き継いでいる。ところが旧戸籍法は、植民地の人々に対しては個別の戸籍令が別にあったことから、結局日本国籍を有していようとも朝鮮人・台湾人を除く、いわゆる日本人だけに対象を限定していたのである。それをそのまま引き継いだ戦後の戸籍法もまた、いわゆる日本人だけを対象としていたのである。そこで、法律の対象をいわゆる日本人だけに限定したい立法者は、国籍要件だけではそれができないので、日本人の意味で「戸籍法の適用を受けるもの」、在日の朝鮮半島・台湾出身者を「戸籍法の適用を受けない者」と暗号のように呼び分けているのである。……本件附則は立法目的（国家補償）とのかかわりでも理由なく民族（人種に準ずる）や社会的身分で人を差別するものであることが帰結される。

（棟居快行『憲法フィールドノート第二版』九五頁）

大阪高裁は、「一般に、戦争は国の存亡にかかわる非常事態であり、そうした状況の下では、国民の生命、身体及び財産に関する戦争犠牲または戦争損害は国民の均しく受忍しなければならなかったところであり、こうした犠牲又は損害に対する国の補償には莫大な国家予算をあてる必要性が予想されるものであるから、国がいかなる範囲のものにいかなる補償を行うかは国民感情や社会・経済・財政事情及び外交政策、国際情勢等をも考慮した政策的判断を要する立法政策に属する問題であるというべきである」点を強調しました。

しかし、戦争被害に対する補償をおこなうかどうかについて、国会が広汎な立法裁量を有するとしても、一般国民とは別に、軍人や軍属であったことを理由としてこれらの者に援護をおこなう場合に、戸籍条項を設けるかについての立法裁量はまったく別問題です。国家が、徴兵制度を施行して（戦争末期には朝鮮半島にも施行されました）、命を賭すことを要請した軍人軍属に援護をおこなうとき、戦傷後のみずからの意思によらない国籍喪失とは無関係に対象とすべきではないかが、後者の最大の論点になるからです。大阪高裁は、この論点を無視しました。

曰く、「外交交渉は相手国との極めて政治的交渉であり、その性質上流動的にならざるを得ず、予想通り進展することもあれば、予想外の経過をたどることもありうる」と。しかし真実は、援護法制定時、戸籍条項により、軍人軍属のうち在日「韓国人」をこのような不安定な交渉に委ねたとすれば、同法の戸籍条項は当然合理性を欠き、違憲とならざるをえません(10)。

まして、日韓協定締結時には、在日「韓国人」の請求権が置き去りになったのです。

ここで問われているのは、戦争が侵略戦争であり戦争遂行者がその責任をとるべきであるとか、「大日本帝国」の支配が国際法上も無効であり、戦後責任として刑事責任を追及すべきであるとかの問題ではありません。日本国が、従来「内地臣民」の栄誉であり、特権であるとした「兵役の義務」を朝鮮半島にまでおよぼして、「内鮮一体」の美名のもとに軍人軍属として徴用した人びとへの最低限の補償責任をはたすことが要請されていただけです。外交交渉に委ねたというのが、とんでもない嘘であるというのは、一九五二年四月は、いわゆる朝鮮戦争のまっただなかにあって、「共和国」との関係で外交交渉がおこなわれる見通しが一切なかったという一事からも明白です。

最高裁も鄭氏の遺族の上告を棄却しました。大阪高裁と同じ論理においてです。わたしが、以上に述べた大阪高裁の論理に対する批判は、上告理由においても述べたものです。しかし、わたしの執筆した上告理由については、最高裁判所は一言も応答しませんでした[11]。

判決言渡の日、わたしは代理人として、鄭氏の遺影を掲げて法廷に入りました。入廷前、書記官から「裁判官に失礼のないように、その遺影は、裁判官が入廷される際に、後ろに向けてください」という指示を受けました。「それはどのような法的根拠にもとづく指示ですか。裁判所規則にありますか。裁判官の訴訟指揮権にもとづく命令ですか」とわたしが反論すると、書記官は、「裁判官は知りません。わたしからのお願いです」と答えてきました。もちろんわたしは、鄭氏の遺影を裁判官たちによく見えるように掲げました。

この書記官の言葉にはいまだに憤りが収まりませんが、少なくとも、法の根拠について、わたしの抗議に応答した点で、最高裁判所の裁判官よりましだと思います。「理不尽なり」という言葉が、鄭氏が語った最後の言葉であったといいます。裁判所がはたさなかった日本国の応答責任は、日本社会の構成員に対し、負担としてのしかかったまま、いまの時にも存在しています[12]。

閑話休題 4 「デモーニッシュ」とは何か

本章では、魔神性＝「デモーニッシュ」という概念を用いて、国民国家の問題点を浮き彫りにしました。「デモーニッシュ」という概念は、一九二〇年代のワイマール・ドイツの危機的状況において、パウル・ティリッヒによって使われはじめた概念です。これに対し、わたしが専門とする憲法学の分野においては、むしろ「主権の魔術性」「主権のイデオロギー性」というように、国民国家のあり方を主権概念自体の問題性として描くことが普通です。そのため、本章でもアガンベンの分析などによって、この点に触れました。しかし、ほかになぜこの概念を用いるのか、屋上に屋を架すものではないか、という批判がでてくると思います。

そこで、わたしがなぜ、「デモーニッシュ」という概念によって、国民国家の抑圧性を把握することが重要であると考えるかについて、若干の説明をしておきたいと思います。

＊＊＊

ティリッヒによれば、「デモーニッシュ」の概念は、一九二〇年代、ワイマール・ドイツを支配していた、ルター的超越主義と世俗的ユートピア主義との分裂を克服する宗教的社会主義運動の鍵概念として登場しました。というのも、一九一九年のワイマール革命以来、ドイツは、伝統的諸教会と労働運動に分裂し、伝統的諸教会は、「世界は何らかの仕方で悪魔の手の中にあり、それに対抗する唯一の力は国家の権威である」というルター派の思想に支配され、一切の革命運動を否定していました。これに対し、労働運動は、「革命は科学的な計算の問題であり、政治的行動を必要とさえしない。社会主義が達成するなら人間のあらゆる問題は解決される」という世俗的ユートピア主義に支配されていたからです。

一方宗教的社会主義は、個人や社会集団の「デモーニッシュ」な構造を論じました。創造的諸要素を凌駕する破壊の構造を意味するものとして、使用されました。神経症的・精神病的状態に陥った人びとの状況と、マルクスが浮き彫りにした搾取を中心とした社会的構造悪のことを指しています。この話は、新約聖書に登場する「デーモン」に取り憑かれた人びとに由来します。

個人における衝動的な力の心理学、社会におけるマルクス主義的分析が、「デモーニッシュ」な構造についての分析枠組みだったのです。そして、「デモーニッシュ」な構造が認識され、攻撃されるとき、歴史のなかに永遠が突入すると考えられました。この突入の歴史的瞬間のことを、時計的時間のクロノスと対比して、ティリッヒはカイロスと呼んでいます。カイロスにより新しいはじまりがもたらされ、社会の変革を認める点で、宗教的社会主義はルター派の思想とは違います。また、ユートピアニズムとちがって、変革の達成はつねに断片的であることを認めました。歴史の内部では、「デモーニッシュ」なものの完全克服はないというのです。

わたしがティリッヒの「デモーニッシュ」の概念を重要であると考えたのは、この概念が、創造的契機とそれを凌駕する破壊的契機の双方を含む、複合概念であったからです。彼は、国民国家の「デモーニッシュ」について、一九二六年の時点でつぎのように述べています。

創造的―維持的諸勢力と破壊的諸勢力とが結合されるとき、デモン化が始まる。すなわち、虚言という場合には、それによって一つの民族だけの自己肯定が、自己の現実と自己以外の現実との真の形像を偽り伝えるのであり、迫害の場合には、それがほかの民族を対象物とし、他民族の固有の存在と自力性とが軽蔑され踏みにじられる。殺人の場合には、それはその民族に負い目のある神の名において聖なる戦いへと聖化されるのである。

（パウル・ティリッヒ『キリストと歴史』一〇二〜一〇三頁）

本章の金さんや鄭氏の運命を考えるとき、たんに主権によって、例外状態における決定により排除されることの必然性を考察したとしても、それらの人びとがおかれている窮状を理解することにはならないのではないか。その決定を支え、正当化する「デモーニッシュ」な構造を認識し、それに名づけることによって、断片的にせよ、破壊しなければならないのではないか。それがわたしの問題意識だったのです。

＊　＊　＊

国民国家の構造悪を把握するために、「デモーニッシュ」という概念を用いたのは、わたしがはじめてではないことは、断っておく必要があると思います。侵略戦争のまっただなかの日本で、一九四二年に公刊された『国家と宗教――ヨーロッパ精神史の研究』で、南原繁は上記のティリッヒ論文を引用しつつ、つぎのようにナチス国家（したがって、「大日本帝国」）の構造悪を指摘していました。

これをわれわれは一言にしてナチス精神の「デモーニッシュ」な性格として特質づけることができるであろう。それは人間における何か動物的・反精神的な衝動を意味し、創造的要素と破壊的要素との結合または二重性、あるいは精神的と反精神的との対立または二重の弁証法的要素として論じ得るであろう。これはもと近代の実証的・唯物的精神に対抗し、理想的・創造的なものを約束して起こったにしても、それがまた容易に非創造的・自然野性的な存在になり得るのである。そして、かくのごときは実にナチス精神と世界観における根本の問題として指摘されなければならぬところである。

（南原繁『国家と宗教』一六七頁）

この本のなかで、南原が、ナチス精神の「デモーニッシュ」性をたんに指摘するのみならず、それに対抗するものとして、カントの「永久平和」の理念をかかげていたことも特記されなければならないと思います。南原は、カントに即しつつ、国家が民族の共同体としてその倫理的目的が問われる場合には、ひとり特殊の民族、特殊の国家のみではなく、あまねく人類世界に妥当する規範でなければならないと主張します。そして、「正義」とそれにふさわしい人類の「福祉」との総合としての「永久平和」の理念は、将来熄《や》むことのない国際の戦争のただなかにおいても、必ずや諸国民が協同して、これの達成のために不断の努力を傾倒すべき政治上の「最高善」でなければならない、としたのです。

南原の著作が「デモーニッシュ」性を認識し、名づけることによって攻撃するという預言者精神のあらわれであったことは、その後の歴史が証明したと思います。

(1)スキナーの「国家概念」の析出にかんするクライマックスにおいて、ボーダンの主権論にたどりついたことは、憲法学が「国家」の分析にではなく、「主権」の考察に大きな関心を示してきた由縁を説明しています。
憲法学の業績のなかで、「主権」と「人権」の緊張関係にもっともセンシティブであったのは樋口陽一ですが、樋口のつぎのような指摘は、ボーダンの主権論がユグノーの「権利としての抵抗権」を否定するための概念装置であったことに鑑みたとき、今日において改めて参照さるべき内容を含んでいると思います。

「統治の実力の所在と統治の正当性との分裂を、概念構成のレヴェルで『克服』するのではなくて、逆に、そういう分裂を直視できるような概念構成でなければならないでありましょう。そして、さらに、解釈論・立法論という実践の場面では、『国民主権』という観念の使用をわれわれはむしろ避けるべきではないか、という問題提起をいたしたいと思います。『国民主権』というかたちで主張されてきたところの実践的要求は、権力と国民との一体化を想定する『真の国民主権の貫徹』の観念によってではなく、権力に対抗する人権という観念、これは権力の実体と国民との分裂を前提とし、両者の緊張関係を前提とする観念です——によっておこなうべきではないか、と考えます」(樋口陽一『近代立憲主義と現代国家』勁草書房、一九七三年、三〇三頁。この主張は一九七一年の日本公法学会においておこなわれています)。
(2)この点の消息について、スキナーはつぎのように述べています。
「主権者を『絶対的』と特徴づけるにあたって彼が心に描いていることは、たとえ主権者の命令がけっして『正当でも誠実』でもないとしても、やはり『臣民が君主の法律を破るのは合法的ではなく』、あるいは他のいかなる方法でも『誠実とか正義を口実にして』彼に反対するのも合法的ではないことだ、と明確にする。主権者は要するに、定義上、合法的な抵抗を免れている」(『近代政治思想の基礎』五六七頁)。

ボーダンは、絶対的に抵抗できないかたちの立法権としての主権が、定義上すべての純粋な国家においてある決定的地点に所在しなければならないという主張をおこなっていたのでした。

(3)もっとも、カール・シュミットの継承した近世絶対主義国家の主権論は、ボーダンの主権論そのものではないことを、断っておく必要があると思います。シュミットは、むしろ、「キリストの再現前」であるところのカトリック教会とそれを頂点とする秩序を、自らの公法学の中核においていたからです。

したがって、シュミットの主権論は、「決断」として「法の拘束から免れている」という側面のほかに、カトリック教会が神の法としての教会法を重視する側面、すなわち、任意に定立しうる価値ではなく、確立された価値のヒエラルヒーを内包している点が留意される必要があると思います。

カトリック的合理性、教皇の不可謬論とは、教皇が「法の拘束から免れてなんでもできる」という意味ではありません。カトリシスムは、正反対に、制度と人格(ペルソーン)が結びつき、教皇は預言者ではなくキリストの代理人という点に集約されています。手綱の外れた預言者がファナテックに暴れるという事態は、教皇職をカリスマから完全に独立させ、彼の具体的な人格(ペルソーン)をまったく捨象した尊厳、職のなかに予防されているのです。

このカトリシスムの神学モデルに依拠して、近世絶対主義国家の秩序を再現しようとした試みがシュミットの公法学だったのです。この点を解明した業績が、和仁陽『教会・公法学・国家――初期カール＝シュミットの公法学』(東大出版会、一九九〇年)ですので、是非ご参照ください。

(4)ジョルジョ・アガンベン(高桑和巳訳)『人権の彼方に――政治哲学ノート』(以文社、二〇〇〇年、四三～五〇頁、一〇九～一一三頁)、同『ホモ・サケル――主権権力と剥き出しの生』(以文社、二〇〇三年、二二七～二四五頁)。

(5)ジョルジョ・アガンベン(上村忠男・廣石正和訳)『アウシュヴィッツの残りのもの――アルシーヴと証人』(月曜社、二〇〇一年、五一～一一三頁)。

(6)ヴァルター・ベンヤミン「歴史の概念について〔歴史哲学テーゼ〕」(浅野健二郎訳)『ベンヤミン・コレクション〈一〉 近代の意味』(ちくま学芸文庫、一九九五年、六五二頁)。

(7)二〇〇八年二月二日最高裁第一小法廷(涌井紀夫裁判長)平成二〇年(行ツ)第三四三号決定で、裁判所は、「本件上告理由は、違憲をいうが、その実質は単なる法令違反を主張するもの」という理由で、上告を棄却しました。

この一家が帰国された直後、マスコミ報道で、日本で生まれた未成年の少女の強制送還が問題にされ(いわゆる「カルデロンさん事件」)、法務省は遅まきながら、二〇〇六年一〇月にようやく定めた「在留特別許可ガイドライン」を、二〇〇九年七月に改訂しました。そこには、つぎのような文言があります。「在留特別許可方向」で検討する例:「当該外国人が、本邦で出生し一〇年以上にわたって小中学校に在学している実子を同居した上で監護及び養育していて、不法残留である旨を地方入国管理署に自ら申告し、かつ当該外国人親子が他の法令違反がないなどの在留状況に特段の問題がないと認められること」。

(8)Paul Tillich, "Dynamics of Faith", pp. 1-3,1957, Harper and Row.

(9)鄭氏の提起した裁判に対する判決は、本文で分析する大阪高裁一九九九年九月一〇日(裁判所ウェブ掲載)判決以外に、第一審大阪地裁一九九五年一〇月一一日判決(判例タイムズ九〇一号八四頁)、最高裁判所第三小法廷二〇〇一年四月一三日判決(訟務月報四九巻五号一四九〇頁)があります。

なお一審から最後まで、代理人を努められた丹羽雅雄弁護士による解説として、「在日韓国人元軍属の戦後補償」季刊戦争責任研究第一六号(一九九七年)を参照いただければ幸いです。

(10)大阪高裁判決が、この点に気づかなかったはずはありません。法の提案理由のつぎの部分を判決は引用しているのですから。「戦傷病者、戦没者遺族等は、過去における戦争において、国に殉じたものでありまして、これらの者を手厚く処遇するのは、元来、国としての責務であります。敗戦によるやむを得ざる事情に基づき、国が当然なすべき責務を果たし得なかったのは、誠に遺憾の極みと申さねばなりません。しかしながら、既に平和条約は締結せられ、その効力発生時期は、せまっているのであります。この講和独立の機会に際しましてこれらの戦傷病者、戦没者遺族等に対し、国ができるだけの処遇をいたし、これらの者を援護することは、平和国家建設の途にあるわが国といたしまして、最も重要事である」。

(11)最高裁第三小法廷は言います。「軍人軍属等の公務上の負傷若しくは疾病又は死亡のような戦争犠牲ないし戦争損害に対する補償は、憲法の予想しないところというべきであ」ると。ここで判決は、「平和憲法」を根拠に責任の所在を不明確にしています。

(12)鄭氏に対する大阪地裁判決は、学問をしている人びとや、法曹にとっては、かなり評判の良いものだったのです。だからこそ、鄭氏にとってそれが何の慰めにもならない「理不尽」なものであった理由をわたしたちは考え続けていかなければならないと思います。地裁判決は、一九五二年の援護法判定時(講和条約発効時)および、日韓条約によって「在日」の請求権が置き去りにされた時点のいずれにおいても、「違憲の疑いがある」と指摘しています。にもかかわらず判決が結局鄭氏の請求を認めなかったのは、前者の時点では外交交渉に委ねたというフィクション=嘘を使ったからです。これについては本文で触れました。後者の時点では、違憲だとしても、日本人と同等の権利が与えられるわけではないから、「立法政策」の問題だとされたのです。「内鮮一体」の美名の下に徴用された鄭氏にとって、この最後の言葉は、「理不尽」としか聞こえなかったと思います。

第5章

裁判所の憲法解釈について

制度の枠内での人権

日本国憲法施行後、「憲法の番人」として指定された最高裁判所が、人権についていかなる解釈を示してきたのか――。裁判所の応答責任の問題を考えるときには、この点を検討しないわけにはいきません。最高裁判所の人権論の中核には、「制度の枠内」で憲法上の権利の保障をする、という考え方があります。この考え方は、公務員の労働基本権（ストライキ権）行使の刑事責任が争われた、一九七三年四月二五日の全農林警職法大法廷判決で採用されました。(1) そこで、最高裁判所は、要旨、つぎのように言ったのです。

公務員の勤務条件の決定については、私企業における勤労者と異なるものがあることを看過することはできない。

公務員の場合は、その給与の財源は主として税収によって賄われ、その勤務条件の決定は、民主国家のルールに従い、立法府において論議のうえなされるべきもので、同盟罷業等争議行為の圧力による強制を容認する余地は全く存しないのである。これを法制に即して見るに、公務員については、憲法自体がその七三条四号において「法律の定める基準に従い、官吏に関する事務を掌理すること」は内閣の事務であると定め、その給与は法律により定められる給与準則に基づいてなされることを要し、その他の勤務条件は、原則として、国民の代表者により構成される国会の制定した法律、予算によって定められる。

その場合、使用者としての政府にいかなる範囲の決定権を委任するかは、まさに国会みずからが立法をもって定めるべき労働政策の問題である。

もしこのような制度上の制約にもかかわらず公務員による争議行為が行なわれるならば、使用者としての政府によっては解決できない立法問題に逢着せざるをえないこととなる。

給与も勤務条件も国会が定めるべき公務員制度である以上、生存権行使の手段にすぎない争議権は、その制度の枠内でしか認められないというのです。

このような考え方は、公務員の政治活動の自由が争われた猿払事件最高裁判決（一九七四年一一月六日）[2]で確立されました。最高裁判所は、「公務員制度の枠内」で人権が保障されるとしました。

公務員の政治的中立性を維持することにより、行政の中立的運営が確保され、これに対する国民の信頼が維持されることは、憲法の要請にかなうものである。

公務員の政治的中立性を損なうおそれのある行動類型に属する政治的行為を、これに内包される意見表明そのものの制約をねらいとしてではなく、その行動のもたらす弊害の防止をねらいとして禁止するときは、同時にそれにより意見表明の自由が制約されることになるが、それは、単に行動の禁止に伴う限度での間接的、付随的制約に過ぎない。

政治的行為が公務員によってなされる場合は、当該公務員の管理職・非管理職の別、現業・

非現業の別、裁量権の広狭の範囲、職務内容、勤務時間の内外、国の施設の利用の有無、職務利用の有無は、公務員の政治的中立性を維持することにより行政の中立的運営とこれに対する国民の信頼を確保しようとする点からは、重要ではない。

労働組合活動の一環としてなされたことは、組合員に対して統制力を持つ労働組合の組織を通じて計画的に広汎に行われ、その弊害は一層増大することになる。かりに特定の政治的行為を行う弊害が一見軽微なものであるとしても、特に国家公務員については、その所属する行政組織の機構の多くは広範囲にわたるものであるから、**そのような行為が累積されることによって現出する事態は軽微ではない。**

ここには、個々の公務員の行為の違法性を問題にする視点はありません。全体の奉仕者として有機的一体として観念された公務員制度を維持するという考え方がすべてです。公務員個々人の政治的意見表明の自由は、それに付随するものであり、その「制度」の枠内でしか保障されないというのです。

「制度の枠内」での人権保障という考え方は、徐々に拡大していきます。アメリカ合衆国民が日本で在留期間中に政治活動をおこなったことが在留期間更新拒絶の理由とされ、その取消を求めたマクリーン事件で、最高裁判所は、一九七八年一〇月四日の大法廷判決において、「在留制度の枠内」での外国人の人権保障という考え方をとりました。マクリーン事件最高裁判決のつぎの一節は、つとに有名です(3)。

外国人に対する憲法の基本的人権の保障は、外国人在留制度の枠内で与えられえいるにすぎないものであり、在留の許否を決する国の裁量を拘束するまでの保障、すなわち、在留期間中の憲法の基本的人権の保障を受ける行為を在留期間の更新の際に消極的事情として斟酌されないことまでの保障が与えられているものではない。

最高裁の考え方の基盤は、直截には、「国際慣習法上、国家は外国人を受け入れる義務を負うものではなく、外国人を自国内に受け入れるかどうかは当該国家が自由に決定できる」とする国家主権の考え方です。しかし、最高裁の国家主権の考え方は、外国人の人権には、出入国管理政策への非難を含めた「わが国の政治的意思決定又はその実施に影響を及ぼす活動は含まれない」としている点で、同時に憲法の人権規定の解釈にもとづいていることも見逃してはなりません。

この「制度の枠内」における人権という考え方は、地方公務員の管理職選考試験受験拒否の違法性が争われた二〇〇五年判決で「特別永住制度の枠内」に引き継がれ、最後に、国籍取得が争われた二〇〇八年判決において、「国籍制度の枠内」での人権保障という考え方として完成されました。つぎにその二つの事案について、若干詳しくみてみることにしましょう(4)。

管理職試験受験拒否東京地裁判決

東京都が「在日」の女性に対し、管理職選考試験の受験を拒否した「公権力の行使」の違法性について、争われた事件を具体的にまずみてみましょう。

原告の鄭香均（チョン・ヒョンギュン）氏は、一九五〇年に岩手で、日本国籍者として出生しました。彼女の出生時、両親は日本国籍者でした。

しかし、一九五二年四月二八日発効のサンフランシスコ講和条約で、日本国が朝鮮半島を国際法上の領土として喪失したのに「ともなって」、旧植民地出身者（具体的には、朝鮮戸籍令に登録された者）を父にもつ鄭氏も同時に国籍を喪失したとみなされました。鄭氏の母は、一九三五年に日本で父と婚姻し、内地戸籍から除籍されて朝鮮戸籍に入籍していたため、「戸籍法の適用を受ける者」ではなく、その際に鄭氏の母も日本国籍を喪失したのです。鄭氏の国籍は、そのとき以来、大韓民国であり、一九九一年の入管特例法にいう「特別永住者」です。

鄭氏は、一九七〇年に准看護婦、一九八六年に看護婦、一九八八年に保健婦資格を取得し、同年四月に、保健婦として東京都に採用されました。東京都は、一九八六年に保健婦の採用要件から国籍条項を撤廃したばかりであり、鄭氏は、「外国人」としてはじめて採用された保健婦でした。一九九二年には主任試験に合格し、翌年四月から主任として保健相談所に配属されました。しかし、一九九四年と一九九五年、管理職選考試験の受験を拒否されます。鄭氏は、管理職選考試験を受けることができる地位の確認と、受験を拒否した公権力の行使の違法性を争って訴訟を提起しました。

一九九六年五月一六日、東京地方裁判所民事第一一部は、「国民主権の原理は、単に公務員の選定罷免を決定する場面のみに日本国民が関与することで足りるものではなく、我が国の統治作用が主権者と同質的な存在である国民によって行なわれることをも要請していると考えられるから、憲法は、我が国の統治作用にかかわる職務に従事する公務員が日本国民すなわち我が国の国籍を有する者によって充足されることを予定しているものというべきである」という理由で、原告鄭氏の訴えを退けました。(5) 東京地裁判決は、つぎのように言います。

地方公務員法一三条は、すべて国民は同法の適用について平等に取り扱われなければならず、人種、信条、性別、社会的身分もしくは門地によって差別されてはならないこと、同法一九条一項は、競争試験は人事委員会の定める受験の資格を有するすべての国民に対して平等の条件で公開されなければならないこと……をそれぞれ規定し、右各条の規定は、国民すなわちわが国の国籍を有する者を対象とすることを明示している。

原告の鄭氏が、管理職への登用を拒否する法律も条例もないことを問題としたのに対し、東京地裁の裁判官は、地方公務員法一三条の平等取扱いの原則および同法一九条の受験資格にかんする規定はそもそも「国民」にしか適用されないと、応答したのです。そして、地方公務員法が公務員の受験資格を「国民」に限定しているのは「国民主権の原理」の要請であり、公権力の行使あるいは公の意思の形成に参画することによって間接的に国の統治作用にかかわることまで、外国人は憲法上保障されていないとしました。

しかし、東京地裁の論理は、法律論の資格をそもそも欠いているのではないかと思われます。というのも、判決は、一三条、一五条、一七条、一九条に触れていますが、肝心の「欠格条項」にかんする一六条には、まったく触れていません。一六条には、条例に定める場合を除き、「職員となり、又は競争試験若しくは選考を受けることができない」という事由として、「成年被後見人又は被保佐人」など五号にわたって欠格事由が列挙されていますが、「日本国籍を有しない者」という欠格事由はありません。

したがって、この条文も視野にいれれば、日本国籍者だけを地方公務員法の規定の適用の対象にするという解釈は、まったく無理なものでした。本件の上級審もさすがにこの解釈は採用しませんでした。そして、「主権者と同質的な存在である国民によって」統治作用がおこなわれるという解釈を展開するのだとしたら、それなりの論拠が必要なはずですが、その具体的理由はなにも書かれていません。

管理職受験拒否最高裁判決

控訴審である東京高裁は、管理職のなかにも権力的公務と非権力的公務があるとし、後者への昇任を拒否することは、職業選択の自由に反するというルールを設定し、鄭氏の訴えを認め、損害賠償金の支払を命じました[6]。

しかし、上告審である最高裁は、「公権力行使等公務員」という概念を創設し、「国民主権の原理」から「公権力行使等公務員には、原則として日本国籍を有する者の就任が想定されている」という排除の原理を導きます[7]。最高裁は「国民主権の原理」を、「統治のあり方について統治者たる国民が負う最終的な責任」として定義します。そのうえで、「公権力行使等公務員とこれへの昇任に必要な経験を積むために経るべき職」を含めた一体的な管理職制度を構築することもできるとし、「地方公共団体が、日本国民である職員に限って管理職への昇任を可能とすることには合理的理由がある」というルールを設定しました。「管理職制度の一体性」を強調して、高裁とは逆のルールを設定したのです。

ところで、管理職への昇任も、そのための選考試験の実施も「公権力の行使」です。ですから、特別永住者を除いた「公権力行使等公務員」である日本国籍者だけが、管理職制度を構築する権限をもつのです。この決定に「在日」は参加できません。

このこと自体を、原告である鄭氏は問おうとしていたのではないでしょうか。くわえて、「統治のあり方について統治者たる国民が負う最終的責任」という意味を「国民主権の原理」がもちうるとしても、そのような政治的原理から直接、地方公共団体の管理職受験資格についてのルールを導き出すことには、無理があります。少なくとも国会制定法律によって、明確なルールを設定するべきであることが問われていたはずです。

最高裁判所多数意見は、一審判決と異なり、地方公務員法が一般職の地方公務員に在留外国人を任命できるかどうかついては明文の規定をおいていないことは、認めました。

しかし、多数意見は、「公権力行使等公務員」とそうでない公務員の一体的管理職任用制度について、法律・条例が定められていない点について、なんの応答もしませんでした。法律や条例の根拠がなくても、「外国籍」の人びとを、公務員や管理職から排除できるという考え方をとったのです。「当然の法理」と名づけられたこの考え方は、実定法のルールとして確立している法原則「法律による行政の原理」と、正面から矛盾することがあきらかです。その点に対して、応答しないというのはどういうことでしょうか。(8)

そして、鄭氏があれほど判断を求めた「特別永住者」という論点に対しては、「特別永住者についても異なることはない」という、理由抜きの断定をおこなうのみでした。この点を補足した藤田宙靖裁判官の補足意見は、よりはっきりと、つぎのように述べます。

わが国現行法上、地方公務員への就任につき、特別永住者がそれ以外の外国籍の者から区別され、特に優遇さるべきものとされていると考えるべき根拠はなく、そのような明文の規定がない限り、事は、外国籍の者一般の就任可能性の問題として考察されるべきものと考える。

藤田裁判官のいうとおりだとしたら、「在日」に対する「職業選択の自由」の保障も、マクリーンの示した「在留制度の枠内」で、ということになってしまいかねません。ほんとうにそれでいいのでしょうか。

泉徳治裁判官の反対意見

最高裁判決には、二人の反対意見が付されています。大阪弁護士会出身の滝井繁男裁判官と職業裁判官出身の泉徳治裁判官の反対意見です。このうち、「当然の法理」に対して正面から応答した泉裁判官の反対意見が興味深いので、要約しておきたいと思います。

泉反対意見は、その冒頭で、「管理職選考の受験資格として日本国籍を有することが必要であることを定めた東京都条例や東京都人事委員会規則はない」という点を指摘します。そのうえで、国際慣習法上、外国人を受け入れるかどうか、受け入れる場合いかなる条件を付するかについて、国が国家主権の一部として有する自由裁量権は、地方公共団体にはないことを確認します。泉反対意見は、これらの前提を確認したうえで、選挙以外で「特別永住者が地方公務員になりうるか」について、国が法令でどのように定めているかを分析するのです。その結論は、つぎのような常識的なものになりました。

国家主権を有する国が、法律で、特別永住者に対し永住権を与えつつ、特別永住者が地方公務員になることを制限しておらず、一方、憲法に規定する平等原則及び職業選択の自由が特別永住者にも及ぶことを考えれば、特別永住者は、地方公務員となることにつき、日本国民と平等に扱われるべきである。

そして、泉反対意見は、地方公共団体が「特別永住者が地方公務員となることを、一定の範囲で制限することを許されるか」という本件で、鄭氏が問うた核心的な問題について検討します。そこでは、自己統治の原理との関係で、自己統治の過程に密接に関係する職員への就任を制限できるということを認めると同時に、職業選択の自由は職業を通じての自己実現を図るという人格的側面を有しているとし、つぎのように重要な指摘をおこなっています。

特別永住者は、**その住所を有する地方公共団体の自治の担い手の一人である**。憲法第八章の規定は、住民の日常生活に密接に関連する地方公共団体の事務は、当該地方公共団体において、その地方の住民の意思に基いて処理するという地方自治制度を定め、「住民」を地方自治の担**い手として位置づけている**。

本件で鄭氏の代理人の一人を務めていたのは、外国籍ではじめて弁護士になった金敬得弁護士でした。判決後の、二〇〇五年一二月に金弁護士は死亡しました。この反対意見を書いた泉裁判官は、最高裁任用課長として、金弁護士の採用に尽力した人だったのです。

高裁判決を破棄する場合には、最高裁大法廷は必ず口頭弁論を開くことになっています。二〇〇四年一二月に、金弁護士は、熱弁を振るったといいます。そのときのことを、泉裁判官はこう語っています。

最初は受験資格の問題だったが、その後は在日韓国人の人権の問題、差別解消の問題、自分の苦労をとうとうとしゃべられた。実体験まで交えての弁論だったから、強く訴えるものがあった。

（朝日新聞二〇〇八年一〇月三日夕刊「ニッポン・人・脈・記「在日」という未来⑩」）

＊　＊　＊

マイケル・ウォルツァーは、「いかなる共同体も半在留外人、半市民のままでありながら、その政治は民主的であるとか主張することはできない」「市民たちの排他的な団体によって外国人と客人が決定されること（主人による奴隷の、男による女の、白人による黒人の、征服者による被征服者の決定）は、共同的自由ではなくて、抑圧である。……実際、市民による非市民による支配、成員による部外者の支配は、人間の歴史の中で、専制の最もありふれた形態である」(9)という主張をしています。そういった視点からみたとき、「国民主権」ということの意義を正しく理解しているのは、最高裁多数意見なのでしょうか。それとも、金弁護士や泉反対意見なのでしょうか。

「国民主権の原理」にいう「国民」とはなにかを考察することで、この大事な問題に近づいていきたいと思います。

国籍法違憲訴訟東京地裁判決

問題に近づいていくための事例は、フィリピン人女性を母に、日本人男性を父にもつ、一九九七年に、日本で生まれた少年の国籍にかんするものです[10]。

少年は、たんに日本国籍を取得できなかっただけではありません。母が不法滞在であったため、みずからも「不法滞在者」というレッテルを貼られ、退去強制令書の発付を受け、強制送還を命じられてしまいました。少年の父親は日本国籍をもっていますが、既婚であり、子どももいました。父親は、一九九九年になって認知の届出をしました。認知により、民法上は、少年と父親のあいだに実親子関係が生じました。法的には少年は父親の「非嫡出子」となります。民法七八四条により「認知は、出生のときにさかのぼってその効力を生ずる」と規定されているからです。

しかし、国籍法の適用については、認知には遡及効がないことになっていました。「出生のときに国籍が確定していなければならない」というのが、その理由です。したがって、少年は、国籍法二条一号の「出生の時に父又は母が日本国民であるとき」という規定によって、国籍を取得することは阻まれました。

そこで少年の母は、二〇〇三年二月四日になって、国籍法三条一項により、法務大臣に「届け出」ることによって、彼の国籍を取得させようとしました。しかし、国籍法三条一項の規定は、父から認知を受けたことだけではなく、「父母の婚姻により嫡出子たる身分を取得した子で二十歳未満の者」という要件も定めています。そうすると、少年はその要件を満たしません。実際、法務大臣は、同年二月一四日少年の母親の国籍取得届に対し、「国籍取得の条件を備えているものとは認められない」という通知を出しました。

このような場合について、最高裁は、国籍確認訴訟を適法な訴えとして認めてきました。そこで、少年も日本国に対し、同年二月二七日に、国を被告として、東京地方裁判所に国籍確認訴訟を提起したのです。なお、少年と母親に対しては、訴訟提起後の二〇〇四年一二月二八日になって、期間一年間の「定住者」としての在留資格が付与されました。そのおかげで、自分が生まれた国であり、「父の国」である日本からの強制送還だけは免れました。いわゆる法務大臣による「在留特別許可」が付与されたのです。

少年の母親は再度妊娠し、今度は前回と違い、胎児のうちに（二〇〇四年一二月一六日）父親が認知しました（出産予定は、二〇〇五年六月一九日）。胎児認知された子が出生した時点で、その子は、国籍法二条一号の「出生の時に父が日本国民」の要件を満たします。つまり、その子は日本国籍を取得できます。在留特別許可が認められた大きな理由は、おそらくここにあると思います。「日本人の母」は、入管法制により、「定住者」として在留が許可されるものとなっているからです。

第一審東京地裁民事第三部は、二〇〇五年四月一三日、原告である少年の請求を認め、少年が法務大臣に国籍取得届をした時点で、国籍法三条一項にもとづいて日本国籍を取得したことを認めました。

法務大臣の通知は誤っていたというのです。

東京地方裁判所裁判官が採用した解釈準則は、ある意味できわめて法律実務家的なものでした。その点を説明しましょう。国籍法三条一項が、少年のような立場にある外国籍者に伝来的な国籍取得を認めるには、つぎの四つの要件を満たすことが必要でした。一番目に、父から生後認知を受けたこと（胎児認知を受けた子が出生したときは、国籍法二条一号の出生による国籍取得の要件を満たすことになり、とくに届出はいりません）。二番目に、父が子の認知の時点で日本国籍を有していること（死亡していて、死後認知が認められた場合には、死亡時点で日本国籍を有していたこと）。三番目に、父母が婚姻し、認知された子が「嫡出子」たる身分をもっていること（民法は「準正嫡出子」と呼んでいます）。四番目に、認知された子が二〇歳未満であり、その意思にもとづいて（意思が表明できない場合は、通常、親権者たる母の意思にもとづいて）、法務大臣に「届出」をすること（したがって「準正嫡出子」の場合にも、この「届出」がなければ日本国籍を取得できません）。

本件の少年は、このうち三番目の要件を満たしていなかったのですが、裁判官は、少年の母と父は婚姻に準じた「内縁」の関係にあるから、三番目の要件を満たしているとしました。

しかし、本件でこの結論を導くためには、なお二つの障害を越えなければなりませんでした。ひとつは、少年の父親は日本国籍の女性と婚姻しており、子どももいることです。いわゆる重婚的内縁に対しては、民法上も他の法律上も、事実婚としての「内縁」の保護は与えられないのが原則です。もうひとつのハードルは、法律の文言、すなわち論理構造です。三番目の要件である「父母の婚姻により嫡出子たる身分を取得した子」には、どう考えても「内縁」関係により出生した「非嫡出子」は含まれません。

これらのハードルを裁判官はどのようにして乗り越えたのでしょうか。

一番目については、日本国と認知された子の結びつきが国籍取得を認めるに足りるほどかどうかに注目することでクリアしました。裁判官は判断基準を「認知を受けた子を含む家族関係が成立し、共同生活が成立している点」にすることによって、「家族関係や共同生活は、法律婚か事実婚に関係ないだけでなく、その内縁関係がいわゆる重婚的内縁関係であるかどうかも直接関係ない」という認定をしたのです。

二番目のハードルには、より難しい問題が含まれています。「嫡出子」という文言は、あくまでも法律上の婚姻関係が成立していることを当然の前提としているからです。そこで、裁判官は、「嫡出子」という文言のうち、「嫡出」という文言は区別の合理性を欠き憲法一四条に反し一部無効であるとしました。そのうえで、国籍法三条一項は、「子」という文言によって、つぎのような解釈準則を示しているという結論を導きます。

父母の婚姻（重婚的内縁を含めた内縁関係を含む）およびその認知により嫡出子または非嫡出子たる身分を取得した子について、一定の要件のもとに国籍取得を認めた規定である、と。

そうして、本件事案において少年は、出生後現在まで継続して日本に居住し、父親と完全な同居生活を送っているわけではないものの、仕送りで扶養されており、父親が週末等定期的に宿泊し、外出などして家族としての交流を密にしていること、父親が少年の幼稚園の行事にも父親として積極的に参加し、対外的にも父親としての役割をはたしていること、父親が届出後に第二子を胎児認知していることから、内縁関係が成立しているとして、国籍取得の届出をした二〇〇三年二月四日に国籍を取得したと、結論づけたのです。

東京地裁民事第三部の裁判官による以上の解釈準則の導く方法は、具体的事案の正義を追究する事実審裁判官の「良心」の独立した行使として評価されるべきであると思われます。

裁判官と法による拘束

しかし、法源として「憲法および法律」にのみ拘束されるべき裁判官のあり方としては、反制定法的欠缺補充が認められないかぎり、無理な方法であったともいえます。というのも、「文言」の拘束にあきらかに反し、憲法違反という「法律」の拘束からの解放の手段を講じても、その拘束を破ることは困難だったからです。

裁判官は、「嫡出子」という文言の「嫡出」という部分が一部無効であり、結果として「子」という「文言」が有効として残り、それには「嫡出子」と「非嫡出子」の双方が含まれると考えました。しかし、法の構造は、そのような構造になっていません。「実子」という概念があり、そのなかに「嫡出子」と「非嫡出子」の範疇を設けているのです。ですから、「嫡出子」の「嫡出」の部分を無効にすれば「実子」が残るという論理は、残念ながら成り立ちません。国側の控訴を受けた東京高裁は、二〇〇六年二月二八日判決において、まさにこの点を問題にしました[11]。

東京高等裁判所第二一民事部は、内縁関係にある両親をもつ少年に国籍法三条一項を適用するという東京地裁の考えは、その真意を斟酌すれば一部無効ではなく、結局、ある法律を本来予定されたのとちがうけれど、類似の事項に適用したり（類推適用）、条文の語句を広義に解釈すること（拡張解釈）を主張していることになると判断しました。そして、控訴審裁判官は、一般論として類推・拡張解釈はありうるとしても、国籍法三条一項は「婚姻」「認知」「嫡出子」という概念によって立法者の意思が一義的に示されていることにくわえて、血統主義にもとづく生来的な国籍取得を例外的、補完的に認める性質のものであるから、類推・拡張解釈は許されないとしたのです。

一審裁判官のいうように一部無効を主張するのは、それはもはや類推・拡張解釈ではなく、結局、裁判所が国籍法に定めのない国籍取得の要件をつくりだすことにほかならず、国会の本来的な機能であるはずの立法作用をおこなうに等しく、それは許されないというのが、控訴審裁判官の結論でした。このような理由で、憲法判断に入らず、控訴審は少年の請求を棄却しました。

国籍法三条一項の区別が憲法一四条の許容する合理的な区別であるという点については、すでに、最高裁判所が二〇〇二年の時点で明確に合憲であるという判断をしていました。その判決は踏襲されており、近い未来において判例変更が期待できない状況であったことが留意されなければならないと思います。

最高裁判所のアプローチ

しかしこの予期に反して、最高裁判所大法廷は、少年のような、日本国籍たる父から生後認知された「非嫡出子」の日本国籍を認める旨の判決を、二〇〇八年六月四日に下したのです[12]。国籍法三条一項については合憲を前提とした実例、判例を積み重ねてきた最高裁が、なにゆえ、唐突に判例変更をおこなったのでしょうか。

その理由は、二つあると思います。

第一は、日本国籍を有することが、「基本的人権の保障」「公的資格の付与」「公的給付等を受けるうえ」で重要な「法的地位」であることの確認です。

日本国籍は、我が国の構成員としての資格であるとともに、我が国において基本的人権の保障、公的資格の付与、公的給付等を受ける上で意味を持つ重要な法的地位でもある。

第二は、「日本国民の父と実子の関係にある子」を、「我が国の構成員としての資格であり、重要な法的地位」である日本国籍との関係で、血統主義の見地からは放置することができないと考えられたことです。最高裁判所は言います。

国籍法三条の規定する届出による国籍取得の制度は、同法の規定する血統主義を補完するものとして昭和五九年法律第四五号による国籍法の改正において新たに設けられたものであるが、当時の社会通念や社会的状況の下においては、父母が法律上の婚姻をしたことをもって日本国民である父との家族関係を通じた我が国との密接な結び付きの存在を示すものとみることには相当の理由があった。

日本国籍との関係で重要なのは、「日本国民である父との家族関係を通じた我が国との密接な結びつきの存在」でした。そうであるなら、「父母が法律上の婚姻をしたこと」が、「我が国との密接な結びつきの存在」を示すものではないという認識が、一般的な「社会通念や社会的状況」になれば、「嫡出」と「非嫡出」を区別することは合理性を欠くことにならざるをえません。実際、多数意見は、少年が国籍法施行規則一条にもとづき、法務局を経由して法務大臣に国籍取得の届出を提出した二〇〇三年二月四日の時点には、上記区別はその合理性を欠くにいたったと認定したのです。

本件区別は、遅くとも上告人が法務大臣あてに国籍取得届を提出した当時には、立法府に与えられた裁量権を考慮してもなおその立法目的との間に合理的関連性を欠くものになっていたと解される。

最高裁判決が、一九八四年改正後の社会的経済的環境等の変化として列挙したのは、①家族生活や親子関係に関する意識が一様でなくなった、②出生数に占める非摘出子の割合が増加するなど家族生活の実態も変化し多様化したこと、③日本国民の父と外国籍の母の子が増加していることでした。とりわけ、④両親の一方が日本国民である場合には、家族生活の実態においても、法律婚などの家族関係のあり方においても、両親とも日本国民の場合に比べて、より複雑多様になってきた結果、**その子とわが国との結びつきの強弱を両親が法律上の婚姻をしているか否かをもってただちにはかることはできなくなった**、としました。

最高裁判所は、これにくわえて同じ非嫡出子でも、母が日本国民の場合および父が胎児認知をした場合には国籍を生来的に取得できることとの不均衡を重視して、違憲判断を下したのです。

＊　＊　＊

しかし、最高裁判所のこのような認定は、国籍法改正の立法過程と合致していません。一九八四年四月二三日衆議院法律委員会における、政府委員の提案理由説明によれば、国籍法三条一項の立法目的は、「我が国との密接的な結びつきの存在」がある子に国籍を付与するということではなく、「世間では、往々に、子どもが生まれてから婚姻届を出す、それで認知するといった、実際上は、後になって婚姻した夫婦の間の子供」について「血統主義を補完」するということにすぎませんでした。生後認知のうち、父母の婚姻した場合にかぎったのは、「生活実態として、認知だけでは父との生活の一体化」が生じないためでした。

二〇〇八年改正法の曖昧性

「われら日本国民」にいう「日本国民」は、「我が国との密接な結びつきの存在」によって実質的に定義されるというのは、最高裁判所がつくりだしたフィクション（端的にいえば、嘘）にすぎないのではないでしょうか。

日本国民という概念は、きわめてうつろいやすいものです。権力者によって簡単に操作され、決定されてきたということを忘れてはなりません。

実際、最高裁判決後の二〇〇八年国籍法改正においても、一九八四年の法制定以降、改正法施行まで「届出」をしなかった人たちは、届出による日本国籍の取得ができません。多くの「日本国民の父の実子」が、簡単に見捨てられることになりました。「届出」をしていなかった子について、二〇〇八年改正法は、本件で届出がされた二〇〇三年二月を参照して、二〇〇三年一月一日以降に認知された子どもにかぎって届出をおこなう機会を与えました。それ以前に出生していた子どもは、「すでに届出をしていた」のではないかぎり、国籍取得はできません。

二〇〇八年以前は、国籍法三条一項について、最高裁判所自身が合憲判決を繰り返しました。にもかかわらず、およそ認められるはずがなかった「国籍取得の届出」を遡及の要件とするのは、正気の沙汰とは思えません。

経過措置によって救済されるべきケースにおいても、厳格な審査がおこなわれる結果、届出による国籍取得という本来の趣旨が失われつつあるというのが現状です。本件事件の代理人の一人であった近藤博徳弁護士は、この点についてつぎのように述べています。

改正法は法案通り成立したが、衆参両院で附帯決議が付き、さらにもっぱら偽装認知防止のみを目的とした施行規則の改正が行われた。その結果、国籍取得の手続自体が障害となって国籍取得が困難となってしまった。いま、私たちはその対応に追われている。あまりに厳格な手続に加え、法務省の想定を超えて厳格に運用しようとする地方法務局の現場に対し、一つ一つ論争し、法務省とも交渉しながら、適正な手続に運用を変えていく作業をしなければならない。
（近藤博徳「国籍法違憲訴訟――大法廷判決獲得までのあゆみ」法学セミナー六五一号二九頁）

ここには、法の制定の「曖昧性」、法の執行の「曖昧性」があらわれています。その根本には、「日本人の父親の実子」という血統を優先するために、「我が国との密接な結びつき」という「曖昧」な法概念を採用した最高裁判所の論理自体が問題であったことを見逃してはなりません。最高裁自身が、基本的人権の保障、公的資格の付与、公的給付等を受けるうえでの重要な法的地位とした「日本国籍」がこのような曖昧性をもち、多くの「日本人を父にもつ実子」が見捨てられてしまっている現実があります。

「日本国民としての枠内」での人権というのは、このように、曖昧で、「人間の尊厳」とは無縁なものなのではないでしょうか。

＊　＊　＊

日本国憲法が施行されてからの歴史をみれば、「国籍」の「曖昧性」が必然的なものであると判明します。一九五〇年の国籍法施行時点で、すでに、旧植民地出身者は、国籍法の適用を受ける日本国籍者であるにもかかわらず、外国人登録法にもとづいて外国人登録されていました。その結果、「戸籍法の適用を受けない」ということで選挙権を停止され、戦傷病者補償法等からも排除されます。そして、これらの人びとは、一九五二年四月二八日のサンフランシスコ講和条約の発効をもって、日本国が旧植民地の「領土」を失ったことに付随して、国籍を喪失したとされたのです。一九八五年に女子差別撤廃条約の発効にもとづいて父母両系主義が採られるまで、「日本国民の母から生まれた実子」は国籍を取得できませんでしたし、改正による経過措置も不十分でした。

われわれは、そろそろ、どのように定義しても、人間生活の実態に即した「国籍」などありえないことを、学ぶ必要があるようです。

対話の継続としての民主主義

「制度の枠内での人権」との対抗で重要なのは、社会的、政治的、歴史的状況を「解釈」し、その時々にふさわしい応答を、共同体の一員として継続していく「対話」をする「責任を負う自己」だと思います。

「在留制度の枠内」での「外国人」の人権に対抗する原理を考えることは、法的にはそれほど難しくはありません。マクリーン事件一審判決が示唆しているように、たとえば、在留資格の更新時において「退去強制事由」に該当するような事実がないかぎり、原則として更新しなければならないという前提を「出入国管理及び難民認定法」が採っていると解釈すれば、そのような要請は満たされます(13)。

「公務員制度の枠内」での「公務員」の人権に対抗する原理を考えることもまた、法的にはそれほど難しいことではありません。労働基本権についていえば、全農林警職法一審判決がしたように、国家公務員法違反のストライキを煽る行為について、民間の労働者のストライキと比較して、個別の事案において違法性が阻却されるべきかを検討すればいいことです。

政治的自由については、猿払事件一審判決がしたように、管理職ではない機械的職務に従事する公務員が、職務時間外において職務を利用することなく、労働組合活動の一環としておこなった政治的行為が、その極限状況において、他の制限的でない処分である懲戒処分にくわえて刑事罰を付すべきような違法性を有するかという、可罰的違法性の問題として考えれば、これもまたなんの難しいこともありません(14)。

同様に、「国籍制度の枠内」での人権についても、問題となる「在留特別許可」「管理職資格」「国籍取得」という事柄の判断において、国籍法事件第一審東京地裁判決が示したように当該当事者に即した個別の判断をおこなうことこそが、排除に対抗する唯一の方法であると思います。

「われら日本国民」をだれが決めるのかという問いが、その共同体にとって重要な問いであるのなら、「憲法および法律」を法源として、個別の事例にふさわしい解釈準則を探るべきなのではないでしょうか。

「わたしは、在留特別許可との関係で、日本社会の一員である」
「わたしは、東京都の管理職にふさわしい東京都の一員である」
「わたしは国籍取得との関係で、日本国の一員である」

これらの主張をおこなう人こそ、「われら日本国民」を決める際の不可欠な「対話」の相手です。裁判所を含めたその時々の権力に課された義務とは、このような異議申立てをする人びとに対し、社会的、政治的、歴史的状況を正しく解釈したうえで、その状況にふさわしい応答を試みつづけることであると思われます。

トルコのイスタンブールで生活し、ユダヤ人としての文化的アイデンティティを継承する、セイラ・ベンハビブのつぎのような議論は、この点、大いに共鳴できるものであります。

彼女は、民主的主権性が三つの統制的理念からなっていることを指摘します。第一に、国民は法の従属者であると同時に起草者でもあること。第二に、統一されたデモス（市民）という理念。第三に、そのデモスが統治する固有の自己完結的な領土という理念。

そのうえで彼女は、デモスの理念は、予定調和的な所与ではなく、むしろ、何ほどかの意識的な内包と排除の闘争を通じた自己構成のプロセスとして理解されなければならないと、つぎのように主張します。

新しい世紀の初頭において政治的成員資格にアプローチする最良の方法は、移民労働者たちのフリーダム・ライドのスローガンのひとつ、「いかなる人間も非合法ではない」（二〇〇三年一〇月四日、ニューヨーク）が示唆する、論争的な道徳的構想と政治的関与の異議申し立てを受け入れることであると思われる。

（セイラ・ベンハビブ『他者の権利』二〇四頁）

「人間の尊厳」とは、この「対話」の対象からだれもはずさないということだと思います。この「対話」を継続することが、異議申立てをおこなう人びとと権力者の共通の「責任」であり、このような「責任」にささえられて共同体を維持していくことが、民主主義原理のほんとうの意味ではないでしょうか。そして、「対話」が継続される社会の成員として保障される「市民権」こそが、人権と呼ばれるにふさわしい権利であると思います。

パウル・ティリッヒは、民主主義についてつぎのような興味深い指摘をしています。

指導者グループの構成員たちは（指導者をも含めて）、部分的に、自己の主体性を犠牲にし、他の対象と並んで、自ら支配の対象となり、自己の主体性の犠牲となった部分を被支配者に譲渡することができる。支配者たちが自分の主体性を部分的に犠牲とするということ、そして被支配者たちを、部分的にではあるが、主体性へと高揚するということが「民主的」(democratic) 理念の意味である。それは民主的原理をしようと企てる、いかなる特定の民主的体制とも同一ではない。

(パウル・ティリッヒ『組織神学第三巻』三三〇頁)

ここでティリッヒは「指導者グループ」という言葉を使います。いかなる共同体も統合のための中心が必要です。個人の人格には中心があるにもかかわらず、共同体という人間の集団にはそれがないので、個人あるいは集団内の少数者が「中心」を占める必要があることにもとづいています。日本国憲法は、「日本国及び日本国民の統合の象徴」としての地位を、特定の血統に属することを正当化の根拠とする「世襲」の「天皇」に委ねています。そうだとすれば、日本社会は、「天皇」が「内地臣民」と定めた人びととその子孫によって構成される、排除的、非民主主義的社会にとどまらざるをえないのでしょうか。

しかし、一方で憲法は、天皇の権能は、「内閣の助言と承認」にもとづくとして、「指導者グループ」の「主体性」を犠牲にすべきことを定めています。それは、憲法の正当性の根拠が天皇の裁可ではなく、「国民の厳粛な信託による」からです。その犠牲にされた部分を被支配者に譲渡する行為とは、「内地臣民」とその子孫ではない、「在日」の主体性の回復のことであるというのが、本章の結論です。

閑話休題5　憲法訴訟事始

本章では、裁判所の憲法解釈の特徴を「制度の枠内での人権保障」という視点から批判的に解釈しましたが、実際の憲法裁判の理解のために説明しておかなければならない事柄について触れられませんでした。そこで、憲法訴訟の実際について、若干触れておきたいと思います。日本の憲法訴訟「事始」のために、格好のテキストが存在します。それは、広島市暴走族条例最高裁判所第三小法廷判決における藤田宙靖裁判官の反対意見です。

事件のあらましを説明しましょう。二〇〇二年一一月二三日の夜一〇時半頃、広島市内の公共広場で、許可を受けずに、暴走族に所属する四〇名余りの青年たちが「特攻服」を着用し、顔を覆面などで覆い隠し、円陣を組みながら、旗を立てたりして威勢を示していました。その行為が、「公衆に不安又は恐怖を覚えさせるような い集又は集会を行うこと」という広島市暴走族追放条例一六条一項に違反し、その後、広場を管理する広島市職員（市長の権限を委任されている）の中止・退去命令にもかかわらず集会を続行したとして起訴されました。判決では命令違反が認められ、同条例一七条、一九条にもとづいて、この集会を「面倒見」として主宰し、指揮していた被告人が、懲役四月（執行猶予三年）に処せられました（二〇〇四年七月一六日広島地裁判決）。広島高裁も一審を維持し、最高裁第三小法廷も上告を棄却しました。

しかし、藤田裁判官は反対意見を執筆し、原判決を破棄して、被告人を無罪とすべきだとしたのです。その論理を追ってみましょう。

① 精神的自由としての集会・結社、表現の自由を規制する法令の規定について合憲限定解釈をすることが許されるのは、その解釈により規制の対象となるものとそうでないものとが明確に区別され、かつ合憲的に規制しうるもののみが規制の対象となることが明らかにされる場合でなければならず、また、**一般国民の理解において、その規定自体から読み取ることができる場合でなければならないというべきである。**

② 多数意見の合憲限定解釈は、「暴走族」概念の広範な定義にもかかわらず、他の規定からして、規制の対象とするのは、専ら社会的通念上の暴走族及びそれに準じる者に限られるとするものである。

③ しかし、通常人の読み方からすれば、**ある条例において「暴走族」の語について定義規定が置かれている以上、その意味は字義通りに解釈するのが至極当然である。**そして、「暴走族」の定義を字義通り読む限り諸規定についても、「社会通念上の暴走族及びそれに準じる者のみ」に対象を限定しない解釈も充分に可能である。

④ 加えて、本条例一六条は、「何人も、次に掲げる行為をしてはならない」と規定する、**合憲限定解釈は、本条例の粗雑な規定の仕方が立法技術の稚拙さに由来するものであるとして初**

めて可能であり、法文の規定からは相当の無理がある。

⑤　本件被告人の行為は、合憲限定解釈をとらなくても処罰さるべき典型的な行為であるとしても、被告人が処罰根拠規定の違憲無効を訴訟上主張するに当たって、主張しうる違憲事由の範囲に制約があるわけではない。

⑥　そして、処罰規定の合憲性を判断するに際し、被告人の行為に対する評価を先に行うべきものでもない。違憲無効の法令によって処罰されないことは、被告人に保障されている憲法上の正当な権利である。

⑦　本件の場合、「暴走族」概念の定義を始め問題となる諸規定を改正することはさほど困難ではなく、最高裁判所があえて合憲限定解釈を行って条例の有効性を維持すべき事案ではなく、違憲無効と判断し、即刻の改正を強いるべき事案であると考える。

日本の憲法訴訟を理解するためのエッセンスのほぼすべてが、以上のテキストにおいて、強調を付した部分に込められています。

日本の最高裁判所は、一元的な法秩序において、憲法だけではなく、法律、条例、行政処分など、およそあらゆる法行為に対する解釈権を独占しています。ここが、違憲審査制の母国であるアメリカ合衆国の連邦最高裁判所ともっともちがう点です。アメリカであれば、たとえばニューヨーク州が同じような法を定めたとしても、連邦最高裁判所には、ニューヨーク州法に対する解釈権はありません。したがって、そもそも合憲限定解釈という選択肢がないのです。ではどうするかというと、すでに州法により州裁判所で有罪判決を受けている被告人に対し、被告人の行為に適用される限度で、それが憲法に違反するかを判断することになります。例外として、適用行為をいちいち判断するのでは表現の自由が保障するほかの事例に悪影響をおよぼすことになるという場合に、適用行為をはなれて、法律自体が「文面上無効」であるという判断を下すのです。この場合でも、その後、州裁判所が合憲的に法を限定して解釈する道は残されています。このような「文面上無効」の主張がいつ認められるかについて、当事者の角度からみたとき、「違憲の争点を提起する当事者適格」の問題として議論されてきました。本件被告人のような法の規制の対象となることに争いがない人が、他人への適用を争えるのか、という問題です。

ですから、法秩序の二元性に由来するこれらの技術は、日本の憲法訴訟では不必要であるだけでなく、無用の混乱をもたらす弊害が多いのです。憲法訴訟「事始」としては、この点を理解していることがなによりも重要だと思います。憲法の教科書に書かれている「適用違憲（審査）」「文面上無効（審査）」「当事者適格」などという概念が、ほかのどのような意義を有するとしても、法秩序の二元制に由来するものであることが説明されないため、一向に理解できないのはむしろ当然だといえましょう。ここに日本の憲法訴訟論の不幸があります。

日本の法令解釈の統一をおこなう最高裁判所においては、むしろ、法規定の趣旨・目的や、施行規則などによって、憲法問題の処理を合憲限定解釈としておこなうのが原則となります。このような視点からみて重要なのが、時國康夫「合憲解釈のアプローチ」(『憲法訴訟とその判断の手法』所収、第一法規、一九九六年)です。

徳島市公安条例事件の判決でも、本件多数意見でもそのような手法がとられました。ですから、日本の憲法訴訟において、合憲限定解釈の手法がどのような限界をもち、どんな場合に違憲にすべきかの考察が中心的論点になるはずです。その論点を条例の仕組みに即して説得的に展開した点で、藤田反対意見は、憲法訴訟「事始」として稀有のテキストを構成していると思います。

(1)最高裁判所刑事判例集二七巻四号五四七頁。なお、全農林警職法事件最高裁大法廷判決は、そのわずか四年前の、一九六九年四月二日全司法仙台最高裁大法廷判決を明示的に変更するとした点で、きわめて注目度の高い判決でした。

(2)最高裁判所刑事判例集二八巻九号三九三頁。本件判決は、原審および第一審の無罪判決を破棄したうえで、被告人に「罰金五〇〇〇円に処する」という有罪判決でした。

(3)最高裁判所民事判例集三二巻七号一二二三頁。なお、本件の第一審判決(東京地裁一九七三年三月二七日判決・判例時報七〇二号四六頁)は、入国の自由の問題と、在留更新の許否の問題を切り離し、「ひとたび入国を許可された在留外国人の政治活動が在留期間更新の不許可を相当とする事由に当たるか否かを判断するには、少なくとも令五条一項一一号乃至一四号に準ずる事由があるか否かを考察すべき」であるとし、在留更新の許否の問題を、強制送還事由の有無の問題に準じて考えていたことが注目されます。

(4)本章で示した、「制度の枠内」での人権という考え方は、人間の尊厳に根ざす抵抗権の制度化としての人権概念からすれば、憲法解釈論として容認できないものですが、憲法解釈論的正当化が不可能なものではありません。

現に、憲法学者の石川健治は、マクリーン判決、東京都管理職試験受験拒否事件判決、国籍法違憲判決を、「国民たる身分」という概念を使って、説明、正当化する試みをおこなっています（石川健治「国籍法違憲大法廷判決をめぐって――憲法の観点から（一）乃至（三・完）」法学教室三四三号三五頁、三四四号四〇頁、三四六号七頁（二〇〇九年））。

たしかに、石川のいうように「だれが日本国民か」ということが、国民たる身分として、憲法解釈論上枢要な地位を占めるという主張は説得力があります。しかし、憲法解釈論は、そこで立ち止まってはならない、というのが本書の立場です。「『だれが日本国民か』をだれが決めるのか」という問いが、民主主義的正当性の問いとしてはより重要なものであって、この問いに、それぞれの時代の支配者および支配者グループは、向き合わなければならないのではないでしょうか。そうなったとき、「国民たる身分」論は、解釈論上の概念の説得力の大半を失うことになるでしょう。なぜなら、「身分」とは例外なく権力により付与されるものであって、異議申立てによって獲得されるべきものではないからです。

（5）判例時報一五六六号二三頁。
（6）一九九七年一一月二六日東京高等裁判所第二〇民事部判決（判例時報一六三九号三〇頁）。
（7）二〇〇五年一月二六日最高裁判所大法廷判決（最高裁判所民事判例集五九巻一号一二八頁）。
（8）一九五三以来、国の行政府を支配してきた考え方として、「当然の法理」が挙げられます。「政府は、従来から、公務員に関する当然の法理として、公権力の行使又は公の意思形成への参画にたずさわる公務員になるためには日本国籍を必要とするが、それ以外の公務員となるためには必ずしも日本国籍を必要としないものと解している」という考え方です。

本件最高裁判決について、この「当然の法理」より明確に、外国人の公務就任が制限される根拠について、統治の民主的正統化の要請という意義の国民主権と関連づけて説いていると、行政法学者山本隆司は評価しています。その山本でさえ、「法律、条例の必要性」について、「少なくとも勤務条件法定主義の観点から、外国人の公務就任の範囲について法律ないし条例で大枠のみであれ定める必要があるように思われる」と主張しています。以上については、山本隆司「判例から探究する行政法」法学教室三四七号三五頁、三四九号六三頁（二〇〇九年）を参照してください。

（9）Michael Walzer, "Spheres of Justice: A Defense of Pluralism and Equality", Basic Books, Inc., 1983, p. 52. 拙訳。

（10）判例時報一八九〇号二七頁。

（11）家庭裁判月報五八巻六号四七頁。

（12）最高裁判所民事判例集六二巻六号一四七九頁（平成一八年（行ツ）第一三五号事件）。なお、本件判決と同日、二〇〇七年（行ツ）第一六四号事件に対しても、同一内容の判決の言い渡しがありました。

（13）この点きわめて注目すべきなのは、泉徳治「マクリーン事件最高裁判決の枠組み再考」『自由と正義』（六二巻二号一九頁、二〇一一年）です。この論考のなかで、泉元裁判官は、つぎのような指摘をおこなっています。

「マクリーン判決は、在留期間更新の拒否に関する裁量審査の一般論としてマクリーン基準を述べているにすぎず、当該事案ごとの個別審査を排除するものではない。そして、審査すべきは一行政庁である法務大臣の裁量権行使である。行政庁たる法務大臣は、「国家」とは当然に立場を異にし、憲法、条約はもとより、法律、政令、省令、更には条理やそこから導かれる法の一般原理に拘束され、裁量権の行使について、憲法等から導かれる裁量権統制の諸法理を踏まえた個別審査を受けなければならない」（二〇頁）。

（14）この点、社会保険庁職員に対する国家公務員法違反事件において、二〇一〇年三月二九日東京高裁判決（判例集未搭載）が、「被告人の本件所為は、未だ本件罰則規定の構成要件、すなわち国家公務員として政党の機関紙や政治的文書を配布するという政治活動をしたものと認定することができない」とし、一審判決を破棄し、被告人を無罪とするとしたことが重要であります。

憲法的価値をふまえた可罰的違法性について、「構成要件該当」を否定するという解釈によって無罪とする新たな手法を、個別事案に即して展開したからです。

終章

カラマーゾフ的対話への誘い

秘儀としての学問

本書は、文字を書けない人びとの叫び声に耳を傾けようとすることから出発しました。

しかし、このような考え方には、学問の名における反対がつねに存在してきました。支配者からの迫害にさらされる学問において、直截な表現ではなく「秘儀としての書く技法」が重要であるというレオ・シュトラウスの考え方を「学問の責務と自由」について、多くの示唆を与えると説く、憲法学者長谷部恭男の考えがその典型です。長谷部によれば、レオ・シュトラウスの「秘儀としての書く技法」とは、社会の通念に反して真実を語ることは危険であるが、にもかかわらず、知を愛する哲学の伝統を次の世代に守り伝えるために必要な技術です(1)。

たしかに、聖書の黙示録をはじめとする「秘儀としての書く技法」が、重要な役割をはたすべき歴史的文脈があることを、わたしも否定するわけではありません。そのような例として、侵略戦争の末期、南原繁は『国家と宗教』を著し、カント的理性によってナチズム国家のデモーニッシュ性を解明したことを挙げることができるかもしれません。これは「大日本帝国」に対する、黙示録的批判とも言えます。しかし、われわれの社会の歴史の示すところは、支配者からの迫害の危険があるときにこそ、明晰な批判的理性である「預言者精神」が不可欠であることです。

一八九四年からほぼ五〇年にわたる「大日本帝国」の朝鮮半島侵略の歴史をふりかえるとき、学問の名において、植民地統治の侵略性・虚偽性を正面から説くことが要請されていたはずです。しかし、天皇機関説事件で「国体」にもとるとされた美濃部達吉さえ、朝鮮支配の正当化のために

「変節」していた事実を、われわれは真剣に受けとめるべきではないでしょうか。(2)

植民地支配もいいところがあり、「帝国大学」を建てたなどと主張されることもあります。しかし、現在のソウルに設立された「京城帝国大学」が、朝鮮総督府が人びとの土地を収奪していくことに対して、「臣民」であるならば当然享受すべき「権利」を認めるべきであると主張したことがあったでしょうか。

批判的理性の行使

ここでカントが『啓蒙とは何か』のなかで、理性の公的な使用について、つぎのように述べていることが示唆的であると思います。

理性の公的な利用とはどのようなものだろうか。それはある人が学者として、読者であるすべての公衆の前で、みずからの理性を行使することである。（カント『啓蒙とは何か』一五頁）

カントは、いわゆる啓蒙主義の思想家です。カントについて説明したパウル・ティリッヒによれば、わたしたちの学問的生活の大部分は、一八世紀の偉大な思想家たち、とくにカントに依拠しています。(3)

啓蒙主義の第一の原理が自律でした。自律という言葉は「自己」を意味する autos と、「法」を意味する nomos という二つのギリシャ語に由来しています。自律は、「自己が自己自身に対して法であることを意味する」というのが文字どおりの意味です。

自律とは、法がわれわれの外にあるのではなく、真の存在としてのわれわれの内部にあるということです。カントは、一八世紀の後半においてこの自律「autonomy」という言葉を、他人の指導なしに理性を行使する決意と勇気という意味で使ったのです。

それでは、「理性」はどのような意味で、啓蒙と関係するのでしょうか。カントは、啓蒙という言葉を、人間が未成年の状態を克服することと規定しました。ここでいう未成年の状態とは、「だれかほかの人の指導なしには自己の理性を行使できない」状態と考えられました。他人の指導のもとで生きることは人間にとって安心であり、安定した生活が保障されます。しかし、人間の本性には、人間が精神的活動の全領域において、理性の法則のもとに生きるということが、なにものにも代えがたくあります。そうだとすれば、安定は、人間のこの真の性質と矛盾することになります。芸術作品、科学研究、社会的正義の原理にもとづく道徳は、すべて理性の法則に属しており、すべての人間存在における理性の自律にもとづいています。これが学問の自由の核心にある考え方です。

一八世紀後半に、理性を束縛していたのは、他者としての宗教的権威でした。それが教会という形で組織化されていようと、また聖書という権威にもとづこうと、宗教的領域においてもこれらのものへのたんなる服従は自律に反すると考えられました。若干時代をさかのぼりますが、宗教改革の中心的思想を表明したカルヴァンは、教会の権威に代えて聖書の権威をもちだしたわけではありません。そうではなく、きわめて明瞭に、理性の法にもとづいて、個人的経験としての確信がなければ、聖書には権威がないと述べているのです。

ところで、カントが重視した理性とはなんだったのでしょう。わたしたちもよく、理性という言葉を使います。これは、目的に対して手段をどうするかというときに働く技術的理性、計算的理性の意味で使われる場合がほとんどです。しかし、カントのいう理性は、技術的、計算的理性を含みますが、それだけではなくもっと深い意味をもっています。すなわち、この理性という言葉は、ギリシャ語のロゴスに由来しています。ギリシャ人は、人間がいかにして言葉によって現実・実在を把握しうるかを真剣に問いました。そして、すべての被造物は、普遍的原理としてロゴスという形式をもち、このロゴスは実在の全体のなかにも、人間精神のなかにも存在しているという答えを出しました。このロゴスをカントは理性と名づけました。

学問的自由との関係で重要なのは、ロゴスとしての理性概念は、批判的理性を含んでいることです。他者としての教会や国家の他律的権威によって、理性の法をねじ曲げられることが、理性にとってもっとも危険なことだったからです。

封建的秩序に固有な偏見や、国家と教会の両者に対する人民の隷属関係を、カントは批判的理性によって克服しようとしました。真理への探求は、正義にもとづいて人間社会を変革することだと、カントは確信していました。アメリカ革命では、批判的理性にもとづいて、宗教と理性を統一した憲法が制定されました。また、フランス革命でも、批判的理性が、教会と国家の両方の他律的権威による統制という古い諸制度を破壊しました。したがって、学問の自由は、とりもなおさず批判的理性の行使のことです。

だからこそ冒頭で述べたように、「ある人が学者として」「理性を行使する」ことは、「読者であるすべての公衆の前で」おこなわなければなりません。「秘儀としての書く技法」は、「批判的理性」の行使にふさわしい方法ではないのです。

もっとも長谷部は、美濃部達吉や宮沢俊義が、支配者からの迫害のなかで、次世代に伝えるべき憲法学を遺したということを言いたいのかもしれません。しかし、これらの人びとは、ほんとうにもっとも問われるべき憲法学の課題に答えていたのでしょうか。

「われら日本国民」をだれが決めるのか

一九四七年五月三日に施行された日本国憲法は、「主権の存する日本国民」が、「日本国及び日本国民統合の象徴」である天皇の地位を決めるという趣旨の規定を、第一条で設けました。天皇が臣民の地位を決めるという明治憲法体制から、「主権の存する日本国民」が憲法を通して天皇の地位を決め、「皇室典範」という名の法律で「皇位の継承」もあわせて決定するという、統治構造の転換がおこなわれたのです。この転換は、たんに統治構造の転換という事態だけにはとどまらない「革命」をともなうはずでした。

この「革命」は、宮沢俊義がポツダム宣言の受諾により生じたとした「八月革命」のことではありません。なぜなら、この時点では、日本国には「革命」の主体が存在していなかったからです。(4)日本国を統治する真の主体があらわれたときに、「革命」は生じるのだと思います。「われら日本国民」をだれが決めるのか――。この問題を真剣に問われることこそ、この「革命」の第一条件になるはずです。

「われら日本国民」をだれが決めるのかという問いに対して、「われわれは不当に排除されている」という主体が出現し、その問いが真剣に社会全体に共有されたとき、この「革命」は開始されます。そして、「われら日本国民」をだれが決めるのかという問いに対して、ときの為政者が自己の主体性を犠牲にして、「われわれは不当に排除されている」という叫びをあげずにいられなかった人びとの主体性を回復したときに、この「革命」は、不完全ながら、成就するのだと思います。憲法解釈が、国家というリヴァイアサンに仕える「正当化のための学問」であることを突破し、「人間の尊厳」に根ざした批判的理性の学になることができるかは、これらの問いを真剣に探究するかにかかっている。わたしはそう思います。

責任を負う自己

そのような批判的理性の学のためには、責任性という新しい象徴の使用が重要となってきます。(5)責任性という理念のなかには、応答的人間（man-the-answerer）というイメージ、対話に従事する人間、自己に対する行為に応じて行為する人間というイメージが含まれています。

責任性という象徴とは、「だれに対して、あるいは何に対して責任があり、また相互作用のいかなる共同体のなかでわたしはわたし自身であるのか」という問いを心のなかに抱いて、みずからに向けられた行為に応答するわれわれの生活を考えるということです。

応答的存在としてみずからを理解することは、われわれの自己定義的な行為を中心に自己を考えるという意味をもっています。とくに、苦難に際して、合理的なものと理解し、激情の支配ではなく、合理的かつ自由に応答する力である理性によって、自己を定義していこうとする人間像がここにあります。

ここにいう苦難とは、快楽を目指すわれわれの生を、われわれを越えたところから否定することを意味します。苦難はまた、自己の実現ないし潜在能力の現実化 の挫折でもあります。人間が、個人的に、あるいは集団内で、自己自身を定義し、性格を引き受け、そのエートスを発展させていけるのは、苦難に応答することを通してです。

＊　＊　＊

日本で出生したという事実は、そのままでは、国籍という魔神に捧げられた人生を歩まされることから逃れるきっかけとはなりません。前章でみたように、日本で生まれた子どもたちが「不法滞在者」ということで「強制送還」されています。国籍という魔神の犠牲に捧げられるのは、「不法滞在者」の子どもたちにとどまりません。

一九五二年四月二八日のサンフランシスコ講和条約の発効によって、戸籍法の適用のない「外地人」が、日本国籍を剥奪された「在日」と呼ばれることになった運命も、この魔神のなせる業です。国籍にかんする最高裁判所の憲法解釈から、「日本人の実子を優先する」原則なるものが出てきます。しかし「届出」や時期によってたくさんの日本人の父の実子が排除されました。これらの人びとにとって、その原則はなんの慰めにもならないことがあきらかです。

国籍という魔神の犠牲にされた少女、少年たちの苦難に応答しつづけることが、われわれの社会の構成員としての責任であると思います。このような対話だけが、われわれの社会の希望だからです。われわれは魔神からアイデンティティを受けとるのではなく、「隣人」からなる社会をめざさなければならないのです。

隣人

ところで、「隣人」とはなんでしょうか。「個」の誕生が、西欧近代ではなく、キリスト教の教義論争のなかで析出されたことを論証した、坂口ふみの意見を聞いてみたいと思います。坂口はつぎのように言います。

> 純粋な個としての個、かけがえのない、一回かぎりの個の尊厳、そういったものが思想的・概念的に確立したのは、近代よりはるか以前のことだったと思われる。遅くとも紀元五、六世

紀の、あのローマ帝国末期の教議論争のなかで、それははっきりとした独自の顔をあらわし出している。中世を通して生き続けたその顔を、近代はふたたび新たなかたちでとりあげたのである。

（坂口ふみ『〈個〉の誕生』二一〇頁）

この「個としての存在」という概念には、隣人としての人という意識が前提にあります。その隣人への愛が一段抽象化されたものだというのです。坂口によれば、隣人にはなんの条件もありません。あらゆる属性、身分、能力等の区別は捨象されます。目が見えること、耳が聞こえること、四肢がそろっていること、また、伝統的に人間の本質とされている理性さえも、それがたんなる論議や計測の能力ならば、条件とされていないのです。隣人の唯一の条件は、**わたしに近いということ、わたしがかかわるということです。唯一そこで現実的で重要なのは、そのかかわり、愛と規定されたかかわりです。**

ユダヤ系思想家レヴィナスの「神性は隣人を通じて顕現する」という説明に、坂口は共感を示します。[6] わたしのかかわる人、そこでこそわたしは世界のうちでももっとも深い淵に触れるからです。わたし自身さえも、人との触れ合いのなかで存在をはじめ、存在にめざめはじめるのです。人へのかかわりは、根底においてあらゆる条件を絶した、しばしばただ「在る者」としか語られない、あるいはそれとさえも語られない神へのかかわりそのものなのかもしれません。文化的・社会的権利を奪われたものをも十全なものとして、いやむしろ文化や社会のカテゴリーに目をくらまされないゆえにより十全な存在として、尊重し愛することが、「隣人」とのかかわりです。

住民票の消除と「権利をもつ権利」の喪失

本書の締めくくりとして、「住居」がないという理由で、市民としての資格を表示する「住民票」を奪われた谷内博光さんの、「隣人」としての対話の呼びかけに耳を傾けてみたいと思います。(7)

一番目にちょっとお聞きしたいことがあります。

明確に答えていただきたいです。

谷内博光は大阪市の市民でしょうか。それとも、そうではないのでしょうか。明確に答えてください。

谷内さんがこの発言をおこなったのは、二〇〇七年九月二七日、大阪市役所で開かれた、住民票職権消除処分にかかる審査請求の口頭審理の席上でした。しかし、審査請求の裁決をした大阪市長、その後谷内さんが提起し、わたしが代理人を務めた訴訟の第一審担当裁判官、控訴審担当裁判官らは、この谷内さんの問いに対して、「対話」を拒否しました。(8)

谷内さんがわれわれの社会に求めるのは、この「憲法解釈上の問い」について、とくに、憲法解釈について責務を負う裁判所が正面から解答を出すことでした。

そもそも谷内さんには、大阪市西成区以外に生活の本拠はまったくありません。もし、谷内さんが大阪市の住民でないなら、彼はどこの自治体の住民でもないことになります。そして、住民になって三か月という選挙人名簿の登録要件を満たさず、選挙権を有する「日本国民」から除外されることになってしまうのです。

裁判所には、谷内さんに郵送された、二〇一〇年六月一五日付け「年金振込通知書」を提出しました。そこには、谷内さんの住所として「大阪市　西成区　萩之茶屋　二—五—二三　釜ヶ崎解放会館」という記載があります。この住所は、二〇〇七年三月二九日に西成区長が消除した谷内さんの住所です。彼にとって、年金は命の綱です。彼の裁判を支援してきた牧師の陳述書には、「それまではいつも先が見えず、とても不安な顔をされていた谷内さんが、僅かでも年金が貰えるようになって、本当に安心したように変わられたことを鮮明に覚えています」とあります。

谷内さんは、住民票の消除処分の直後、いったん年金との関係で「死亡扱い」となりました。しかし、生きていることを確認する手続きをとり、年金の受給を続けています。彼の年金との関係での住所は、いまも「釜ヶ崎解放会館」です。

いったい、なにゆえ、谷内さんの住民票を消す必要があったのでしょうか。

その説明さえ、いまだにおこなわれていないのです。

大阪地裁判決

第一審の大阪地裁判決は、谷内さんの主張を以下の四点に要約しました。

［ア］　釜ヶ崎解放会館は生活の本拠であり、同会館が原告の生活の本拠でないとしてなされた本件処分は、事実誤認に基づく違法なものである。

［イ］　原告については、転出、死亡、といった法施行令八条の規定する住民票の職権消除の事由がないから、同条を根拠にされた本件処分には法令の解釈を誤った違法がある。またこのように解さないと、原告が西成区内に生活の本拠を有するにも関わらず、大阪市及び大阪府の住民たる資格がないことになり不合理である（後述しますが、判決におけるこの要約自体誤りです）。

［ウ］　本件処分は、原告に選挙権の行使の機会を失わせるものであり、この点を看過ないし軽視してなされた点において、自由権規約二五条に違反し、裁量権の範囲を逸脱又は濫用する違法がある。

［エ］　処分行政庁西成区長は、過去三〇年以上にもわたり、釜ヶ崎解放会館を日雇労働者の生活の本拠として認め、同所を住所とする届出を受理する一方、簡易宿泊所を住所とする届出は受理しないという扱いをしてきた。このような行政慣行が存在するにもかかわらずされた本件処分は、行政上の信義則に反し、違法である。

大阪地裁判決は、釜ヶ崎解放会館が谷内さんの住所であるかという「ア」の論点について、「住所かどうかは、生活の本拠たる居住の事実を基礎とし、これに当該居住意思を総合して決すべきものであり」、原告は「郵便物の受取を行うなど、釜ヶ崎解放会館を連絡先・連絡場所として利用していたに止まるのであって、そこに居住していた事実はおよそ認められないのであるから、その主張は失当というほかない」と判断しました。

つぎに、本件処分の根拠法規たる法施行令八条の規定する職権消除事由が存在するかという「イ」の前段の論点については、「市町村長は、法律による行政の原理及び法治主義の要請に照らし、いったん転入届を受理し、住民票を作成した場合においても、その後、届け出られた住所が法の要件を満たすものでないことが判明したときは、職権でこれを取り消すことができるものと解するのが相当である」としました。

さらに、谷内さんが西成区内に起居しているにもかかわらず、本件処分により大阪市および大阪府の住民たる資格をいずれも失ってしまうことの不合理という上記「イ」の後段の論点、選挙権の行使の機会が奪われるという「ウ」の論点、および行政上の信義則違反の「エ」の論点については、この三つの論点をまとめて判断をくわえました。本件処分前後に処分行政庁がとった措置の内容、選挙権の行使についても措置を講じていること、上告人が「ちとせ」という簡易宿泊所に転居届等を提出した場合、行政庁は受理しなかったと認めるに足りる証拠もないことなどを総合すれば、処分行政庁は必要な措置を講じていたのであるから違法ではない、としたのです。

しかし、第一審で、谷内さんは、たとえ釜ヶ崎解放会館が生活の本拠でなかったとしても、「転出」等に関する法施行令八条ではなく、「転居」についての規定である同法施行令一〇条が適用されるべきであると主張していました。西成区から出てしまえば「転出」ですが、西成区内で移動するのは「転居」です。そして、「転居」だとすれば、同法施行令一〇条は、「消除」前に「その者の住民票を作成」することが条件になっていますから、本件処分は谷内さんの住民票を作成せずにおこなった点であきらかに違法となります。

第一審大阪地裁判決は、谷内さんに適用さるべきは、法施行令八条の「その他」の職権消除事由に該当するというのみで、なぜ法施行令一〇条ではないのかについての判断を一切くわえていません。そもそも谷内さんの主張自体を歪めて要約していたのです。

同法施行令八条にいう、「転出」や「死亡」の場合に比すべき「その他」の事由に該当する場合もあるでしょう。「転出」や「死亡」は、処分行政庁が管轄する空間、地域からその「住民」がいなくなる場合、すなわち「不存在」にかんする規定であり、「その他」の事由もこれらに類する場合があることを谷内さんも争いませんでした。

しかし、いずれにしろ、「西成区内」に居住していることがあきらかな谷内さんのような場合に、消除するならば、新たな住民票の作成が不可欠なのではないか、そのような義務を法は課しているのではないか、と谷内さんは問うたのです。それが、同一区内での移動にかんする「転居」に適用される法施行令一〇条の趣旨であるのだ、と。

このような法解釈は、憲法構造の問題として体系的に出てくるはずです。すなわち、「住民」としての「存在権」をめぐる、谷内さんの憲法上の権利にかんする根本的主張なのでした。

この点を敷衍しましょう。

日本国民は、いずれかの地方公共団体の住民として自治体に所属していなければならないという前提を、憲法および地方自治法が採用しています。すなわち、谷内さんは大阪市の市民であり、住民です。にもかかわらず、谷内さんの住民たる地位を公証するために必要な住民基本台帳法上の住所がどこにも存在していないということ自体、違法なのです。

憲法九三条二項は、「地方公共団体の長、その議会及び法律の定めるその他の吏員は、**その地方公共団体の住民**が、直接これを選挙する」と規定しています。これを受けて、地方自治法一〇条一項は、住民の要件を住所にかからしめ、同条二項は「住民は、法律の定めるところにより、その属する普通地方公共団体の役務の提供をひとしく受ける権利を有し、その負担を分任する義務を負う」と規定しています。そのことの帰結として、地方公共団体は、具体的なある個人をみずからの構成員とするか否か、当該団体の意思によって決することができないということが導かれます。日本法は、日本の領域で市町村に属さない区域はないとしています。日本に居住する個人は、必ずいずれかの市町村の住民の地位をもつという構造になっているのです。(9)

言いかえれば、地方公共団体の住民でない存在は、日本の領域内には予定されていないということです。「住所」だけが住民であるための要件ですから、住民票の作成を拒絶する裁量を地方公共団体（その機関である行政庁）がもたないことになります。そうだとすれば、転居に関する法施行令一〇条は、このような憲法および地方自治法の法原理をルールとして具体化したものとして解釈されなければなりません。

西成区長は、谷内さんが大阪市西成区内に生活の本拠を有していることを知っていました。ですから、本件では、法施行令一〇条を適用し、新たな住民票を作成すべきであったのに、それをせずに職権消除をした本件処分は違法だと考えられます。

谷内さんの市民生活

谷内さんは、福井県で生まれました。現在六四歳です。高校卒業後、商事会社に一〇年以上勤務し、三〇歳のとき、商事会社の子会社で、ガソリンスタンドを経営する会社に出向、その後、梱包会社で一年くらい働きました。製綿会社で営業として勤務し、四〇歳を過ぎてから、福井市内にある繊維工業会社の染色工場に一〇年以上勤めました。会社は、日航の客室乗務員と全日空の客室乗務員の制服の受注をしていました。その制服の色は「日航の茶色」「全日空の青」というカラーが決まっており、最後の仕上げで熱風を当てる温度と時間は、熟練工の勘がたより。谷内さんはその工程における熟練工として不可欠の存在でした。

二〇〇三年二月ごろのこと、仕事を探し、再出発するつもりで、谷内さんは大阪の梅田に来たものの、西成区でホームレス状態の生活を余儀なくされていました。知人に紹介してもらい、三重県でガードマンの仕事をすることになり、仕事を斡旋する担当の人から「いつ来てもらってもいいが、ガードマンという仕事の性質上、住所をはっきりさせてください」と言われました。仕事に行くためにも、雇用保険被保険者手帳（いわゆる「白手帳」）の交付を受けることが必要でした。そのことを、西成区役所の住民票窓口に相談したところ、窓口の男性の担当員に、「住民票をおかせてくれるところが二、三か所あるから相談してみたら」と言われたのです。

わたしも、釜ヶ崎で一九九九年から法律相談をしていますが、何人もの人から住民票をおけないかという相談を受けています。釜ヶ崎解放会館においてもらえるということを、そのたびごとに回答してきました。それでなんの問題もありませんでした。谷内さんも、萩之茶屋二丁目五番二三号にある釜ヶ崎解放会館にいったのです。釜ヶ崎解放会館では、担当の相談員から「ここで住民登録してください。郵便を代わりに受けとっておきますから、必要がある場合は取りにきてください」と言われたのです。釜ヶ崎にくる人の多くが、サラ金などの借金取りから逃げてきた人びとです。住民票をおけば、取り立ての電話や郵便物からはじまり、取り立ての人もやっています。債権者は、住民票の請求ができるという扱いを全国の自治体がおこなっているからです。釜ヶ崎解放会館ではいやな顔ひとつせず、これらの人たちに対応してくれるのです。

谷内さんは、その日のうちに、西成区役所の住民票窓口で住民登録をして、その証明書の交付を受けました。あいりん労働公共職業安定所に赴き、雇用保険被保険者手帳の交付を受けました。谷内さんは、二〇〇六年一二月ごろから、釜ヶ崎にある「ちとせ」と呼ばれる簡易宿泊施設に宿泊していました。二〇〇七年一月に、住民票消除の話がもちあがっていたので、「ちとせ」のオーナーに住民票をおいていいかと尋ねたところ、オーナーは困ると答え、断られました。二〇〇七年一月二九日に住民票についての相談窓口が西成区役所四階に開設されたので、開設日に谷内さんは相談窓口を訪ねました。三人いた職員は、「住民票は消しますよ」「年金のことは関係ない」と、消除についていうばかりで、谷内さんの相談にはまったく答えません。

大阪市が裁判所に証拠として提出した谷内さんの「相談票」によれば、対応者名「濱田」という人が、「実際に生活している場所」として「大阪市西成区萩之茶屋一―九―一ビジネスホテルちとせ」と記載し、そのうえで「住民票を動かせない理由等」を調べ、「住所変更はできない為、職権消除となる旨の理解を得る」と記載されていました。簡易宿泊所への住所変更は無理なことは、谷内さんだけでなく、大阪市も把握していたのです。

二〇〇七年三月二九日、谷内さんを含めた、二〇八八人にのぼる住民票の一斉大量消除がおこなわれました。その際は、一日でも簡宿に滞在していることを示せば、その簡宿に転居することが認められていました。しかし、その後、簡宿の実態調査をして、簡宿の住所も職権消除を大阪市はおこないつづけています。

地方自治法一〇条一項の解釈として、どの地域にも属さないことになるような「住所」の解釈は、憲法上禁じられています。

第一審および第二審は、谷内さん本人の尋問の証拠申出を採用しませんでした。谷内さんは、法廷で証言することさえできなかったのです。にもかかわらず、大阪地裁は、「原告が実際に寝泊まりしていた簡易宿泊所を住所として転居届等を提出した場合、処分行政庁がこれを受理しなかったと認めるに足りる証拠もない」と認定し、大阪高裁判決はこれを是認したのです。

さらに、大阪地裁判決は、「行政慣行」の存在を認めつつ、上記行政慣行が「住民基本台帳法の趣旨にそぐわない不適切なものであったことは明らかであり、そのような不適切な行政慣行を是正することが許されないということはできない」としました。

しかし、このような認定および評価はまったくの詭弁としか言いようがありません。そもそも、法律の解釈・運用をおこなう者が、言葉の曖昧性によって、市民の生活の基礎として最重要な住民票を剥奪することは許されないのではないでしょうか。いったい、「行政慣行」とは何でしょうか。もし、住居実態がないことを知りつつ、住民票を受け付けていたことが裁判所の言うとおり違法であったというのであれば、それはとりもなおさず、西成区役所担当者が組織的に、電磁的公正証書原本不実記載罪を犯していたことを意味するはずです。そんなことはあろうはずもないでしょう。

三〇年以上にわたって、そこに届出者が実際は住んでいないことを知りつつ、住民票を受け付けてきたのは、住民基本台帳法上、日雇い労働に従事し、釜ヶ崎を基点に生活している人びとの生活実態として、解放会館が「生活の本拠」であるということを認めていたことにほかなりません。これが「行政慣行」の中味です。住民基本台帳法上の解釈にもとづいていたのです。それを、大阪市が、谷内さんたちの不利益になる方向で別の解釈へと変更したにすぎません。この解釈変更の正当性を、大阪市は主張さえしなかったのです。そこには、不要となった釜ヶ崎の労働者の「切り捨て」が透けてみえます。

そして、憲法上、公職選挙法上、自由権規約上の選挙権が居住要件を課す場合にこそ、住居を有しない者から投票権をとりあげることになりかねない、つまり選挙権の行使を制限するような方向の判断をしてはならない旨の法解釈が採られるべきでした。

この主張に対し、控訴審大阪高裁判決は、「選挙権の行使の観点から居住実体のない住所であっても消除処分が許されなくなるものとは解されず」、また、谷内さんが住民票の住所を失うことがないように種々の措置を講じたという事実関係のもとでは、行政上の信義則に反した違法なものであるとまではいえない、としたのです。しかし「措置」といっても、二〇〇〇人以上の住民票を二〇〇七年三月に、一斉に消除するという結論ありきのものです。あくまでアリバイづくり的な措置にすぎず、谷内さんの選挙権剥奪を正当化できるものではありません。

しかも驚くべきことに、二〇〇七年三月の時点で、大阪市は「同年四月八日に施行された大阪市議会府議会議員選挙が無効になる恐れがあるから早急に消除すべきである」と主張していたのに対し、本件訴訟では本件消除と選挙権の問題はまったく別であるという主張に変更したのです。「選挙が無効になるから住民票を早急に消す必要がある」という大阪市の主張は嘘だったことになります。二〇〇〇人以上の住民について、個別に調査をし、転居先を確認したうえで、はじめて消除することができるはずです。しかも、転居先がなく、解放会館に住民票をおくしかない人びとについては、従来の解釈にもとづいて住民票を残しておくべきでした。

一九九五年二月二八日最高裁第三小法廷判決（民集四九巻二号六三九頁）は、憲法九三条二項の「住民」について、「地方公共団体の区域内に住所を有する日本国民を意味する」と判示しました。すなわち、地方公共団体の住民については、「住所を有する」ことを要件のひとつとすることが憲法上定められていると最高裁判所は解釈したのです。

最高裁判所は、しかし、本件上告を理由を述べず不適法として却下しました。

谷内さんの「問い」は、答えられないまま放置されてしまいました。

ユートピア

だれが日本国民かを権力者が恣意的に決めるのではなく、その社会に存在する人びとが「隣人」として対話を続けることこそ、民主主義の意義だと思います。

この意味で、谷内さんの「問い」はもっとも重要な問いでした。

谷内さんの問いは、一六世紀にトマス・モアが『ユートピア』のなかで描いた問題を想起させます。ここでも、スキナーの解釈を参照しながら、もう少し議論しておきましょう(10)。

「ユートピア」は疑いもなく北方ルネッサンス政治理論へのもっとも偉大な寄与でした。しかし、重要なことは、一人の人文主義者によって書かれたもっともラディカルな人文主義者批判の具体化であるということです。モアは、「怠け者、居候、空虚な快楽の生産者たる」「いわゆる良家の人たち」が自分たちの下劣な利益のために公共社会を運営するのに対して、「百姓、炭鉱夫、日雇労働者、馬丁、鍛冶屋など、彼らなくしてはいかなる社会も立ちゆかない」ような人びとは、はじめに彼らの情け容赦のない主人に「悪用酷使され」、つぎに見捨てられて惨めな死に追いやられる、という現実を直視したのです。ここが、同時代の人文主義者ともっともちがうところです。

あらゆる現存する社会の中心にあるのは高慢である、とモアは言います。なぜならば「あらゆる災禍の首領であり生みの親であるあのただ一匹の恐ろしい野獣、すなわち高慢心が反抗していなかったら、ユートピア社会の法」を「全世界」が「ずっと前に」採用していたことは明白であるからです。そして、モアは、現存の「上下の別」の仕組みはどのようにすれば撤廃され、徳の勝利が最終的に達成できるのかという問題を提起して、つぎのように答えます。

現存の「上下の別」を支えるのに奉仕し、その結果、高慢心の罪を社会生活の支配的な情熱として王座に付かせるのは何か、……答えは明白である。少数の連中が他の全ての人たちに君臨できるようにし、これによって彼ら自身の高慢心を育み、徳にではなく単なる身分や富に恭順が払われることを保証するのは、お金と私有財産の不平等な配分である。

（クエンティン・スキナー『近代政治思想の基礎』二七五頁）

「お金と私有財産」をもち、「生活の本拠」を有する人だけを、日本社会の構成員と決定することがいかにおそろしいか。われわれは、そのおそろしさをモアから学ぶことを許されているのではないでしょうか。

アリョーシャの「幻」

本書は、日本社会が共有すべき「人権という幻」をテーマにしてきました。人間の尊厳のための対話の継続ということが、わたしの描いた「幻」です。しかし、大部分の紙幅は、むしろ「原風景」を描くことに費やされてしまいました。

そこで、「ガリラヤのカナの幻」にあらわれた長老ゾシマが、主人公アリョーシャに語った言葉を引用することで、本書の結びにしたいと思います。

この幻は、ドストエフスキーの『カラマーゾフの兄弟』に登場する、もっとも重大な幻です。修道院の聖人として、絶大な信仰の対象となったゾシマ長老の死後、大方の期待に反して、その死体から芳香がでるどころか、腐臭が庵室一杯に立ち込めます。このことに幻滅した長老の弟子、三男アリョーシャは、悪女とされているグルーシェニカのもとを訪れます。しかし、彼女は悪女であるどころか、「一本の葱」を与える話をアリョーシャに聞かせ、彼の心を慰めで充たしてくれるのでした。

修道院に立ち戻ると、窓が開け放たれた庵室のなかで、ヨハネによる福音書において、貧しい人びとの結婚式で水をワインに変えた、キリストの奇蹟を描いた「ガリラヤのカナ」の箇所が読まれていました。ひざまづいて祈るアリョーシャは、長老がキリストとともに、「カナの婚礼」に出席しているという幻を見たのです。

新しいワインを飲もう、新しい、大いなる喜びの酒だ。どうだね、どれぐらいお客さんがいるかな？　ほら、あそこに花婿と花嫁がいるぞ。あれがじつに賢い料理頭で、新しいワインを味見している。どうしてそんなふしぎそうな顔で、私を見ているのだい？　葱を一本あげたろう、だからわたしもここにいるんだよ。ここにいるたくさんの人たちも、葱を一本づつあげただけなんだ。ほんとうに小さな葱を一本づつな……

わたしたちの仕事はどんな具合だろう？　もの静かなおまえも、おとなしい少年のおまえも、今日、葱をあげることができたではないか、それを求めている女に！　よいかな、愛らしい子よ、はじめなさい、おとなしい子よ、自分の仕事をはじめなさい！　……ほら、わたしたちの太陽が見えるかね、おまえにはあれがみえるかね？

（ドストエフスキー『カラマーゾフの兄弟三』一〇五頁）

この幻の三日後、アリョーシャは、敬愛するゾシマ長老の勧めにしたがって修道院を出ていきました。「自分の仕事」として、敵意のある壁を乗り越える「和解」の仕事をはじめるために。

(1)長谷部恭男『憲法の境界』(羽鳥書店、二〇〇九年)七五〜九三頁。

(2)美濃部達吉『憲法撮要』(有斐閣)は、官吏養成の中核的機能をはたした、東京帝国大学法科大学で使用された通説的教科書ですが、一九二三年の初版から一九二六年の訂正第四版までは、朝鮮半島においても「国籍法と同一の制が適用せれる」という解釈を採っていました。しかし、一九三二年の改訂第五版において、朝鮮における外地臣民の国籍の得喪については、「未だ成文の規定がない」から「慣習と条理とにより決する外なし」という記述に、何の説明もなく、変更されたという経緯があります。

この変更は、一九三一年に「大日本帝国」が、旧満州への侵略を開始した時点に附合しており、その時点では、旧満州に居住する朝鮮族の国籍離脱を認めないという「大日本帝国」の国是がありました。国籍法と同一の制が適用されたら、朝鮮族は、アメリカ合衆国市民になるだけで、国籍離脱が可能だったのです。

この美濃部の「変節」は、戦後に、サンフランシスコ条約の発効によって、「慣習と条理」によって付与された国籍を一方的に剥奪するという日本国の政策を正当化しているだけに、けっして看過されてはならない、憲法学者の責任であると考えます。

(3)以下の行論は、パウル・ティリッヒ(佐藤敏夫訳)『近代プロテスタント思想史』(一九七六年、新教出版社、三三〜九四頁)の記述に依拠しています。なお、ティリッヒのこの著作は、一九六三年の春学期にシカゴ大学でおこなわれた講義をテープに録り、弟子のブラーテンが編集したものです。

(4)宮沢俊義の「八月革命説」は、一九四六年の『世界文化』に発表された「八月革命と国民主権主義」によって世に知られるようになりました。宮沢自身の説明によれば、「八月革命説」は、「日本の降伏によってひとつの革命——八月革命とも呼ばれる——が行われたと考えることによってのみ、日本国憲法の成立を法律論理的に説明すること」ができるという考え方でした。宮沢俊義『憲法の原理』(岩波書店、一九六七年)三七五頁以下。

政治の根本建前が、天皇から国民に移るというのは、天皇主権を採る明治憲法体制において不可能なことでしょう。だから宮沢は「革命」といったのですが、天皇主権がそれで滅んだというのはよしとしましょう。

しかし、国民の意思が政治の根本建前となるかどうかは、天皇にとって法的に可能かどうかという問題ではなく、天皇の意思とは無関係に論じられるべきものだったはずです。

結局八月革命は、「天皇が認めてくれたから、国民主権になった」という考えにすぎず、それは国民主権の定義からして、矛盾以外のなにものでもありません。

(5)H・R・ニーバー(小原信訳)『責任を負う自己』(一九六七年、新教出版社、五五〜八三頁)。この点、憲法学の蟻川恒正が「責任政治」(『法学』五九巻二号、一九九五年)において美濃部達吉の「自己の行為に付他の批判論難を受くること」を憲法学におけるもっとも精妙な定義であるとして以来、「責任」概念を問いつづけていることを興味深いと思います。蟻川が、「自己決定」の意義について、「個人が自らを何らかの存在として自己自身ないし社会に表象すること」のなかに、「自らが如何なる人種・性別・民族に属するかということも、かかる所属を否定的に受け止める場合を含めて――その人の自己定義の根幹にかかわる事柄であることが多い」としたうえで、「個人は、最も基底的な権利として、自己定義の根幹にかかわる事柄について、他者の支配を受けない権利をもつのでなければならない」と主張されるとき、「厳粛な責任を随伴するものとして自覚されている限り」という限定が付されていることが重要であると思います(蟻川恒正「自己決定権」高橋和之・大石眞編『憲法の争点[第三版]』有斐閣、一九九九年、七四頁以下)。

(6)エマニュエル・レヴィナス(合田正人編訳・三浦直希訳)『困難な自由』(法政大学出版会、二〇〇八年)。レヴィナスは、この点、ユダヤ教の特徴について、次のように述べています。「それでは、自己の自立に執着すると同時に神を渇望するユダヤ教は、人間をどのように理解するのでしょうか。ユダヤ教は、ほとんど目もくらむような自由の要求を、その超越の欲望へとどのように組み込むのでしょうか。それは、神の現前を人間との関係を通じて感じ取ることによってです」(同二一一頁)。「他者、つまりわたしの隣人を正義に則って扱う[私の隣人を正義に返す]ことで、わたしは神とのこの上ない近さを与えられます。それは、祷りや典礼と同様に親密なものです。祈りや典礼は、正義がなければ何ものでもありません。神は暴虐を行った手からは何も受け取ることができません。敬虔な者、それは義人です」(同二一四頁)。

(7)この点に関し、笹沼弘志「住所と市民権――貧困・社会的排除の一断面」(『賃金と社会保障』二〇〇七年、一四四八号四頁)が重要であると思います。

(8)大阪地方裁判所第七民事部平成二〇年(行ウ)第四一号住民票消除処分取消請求事件(二〇〇九年一〇月二二日判決)、大阪高等裁判所平成二一年(行コ)第一五七号住民票消除処分取消請求控訴事件(二〇一〇年五月二八日判決)、最高裁判所第一小法廷平成二二年(行ツ)第三四一号事件(二〇一〇年一〇月一四日決定)。

(9)太田匡彦「住所・住民・地方公共団体」『地方自治』七二七号二頁、二〇〇八年。

(10)クエンティン・スキナー(門間都喜郎訳)『近代政治思想の基礎』二〇〇八年、春風社、二七〇~二七七頁。

あとがき

「人権という幻」の語りに、最後まで付き合ってくださった、読者のお一人おひとりにほんとうに感謝いたします。この物語を終える前に、もうひとつ触れておかなければならないことがあります。それは、「対話と尊厳の憲法学」という副題についてです。

本書では、「人権という幻」という内容は、「憲法学」という形式によって語られています。副題の第一の意味は、「人間の尊厳」について「対話」を継続していくことが、「憲法学」の中身である、ということです。しかし、それだけではありません。実際に、三〇年近くにわたって、わたしが憲法学者の方々と「尊厳」について「対話」をさせていただいたことこそ、本書を導いてきたのだという感謝が、この副題には込められているのです。

「憲法学」における、わたしの対話相手の一人は、「個人の尊厳」を憲法学の中核におく樋口陽一先生です。樋口先生は、東京大学法学部研究室では、わたしの指導教官を引き受けてくださいました。それ以来、今日にいたるまで、先生との折に触れた実際の「対話」だけではなく、先生の著作との「対話」を通して、わたしは自分の「憲法学」を築いてきたように思います。

先生はわたしにとって指導教官であるだけではなく、つねに「新しい物語」を語ってくださる「新しい人」でもあります。イギリス経済史の吉岡昭彦さんが、イギリスを理解するには、まずインドの目線でみなくてはいけない、「イギリスの鍵はインドである」と指摘されていたこととご自身を対比させて、先生は、最近、つぎのように述べておられます。

私は、吉岡さんのようなわけにはいきませんでした。むしろ逆に、フランスと接触する中で、限られた地中海の向こう側、具体的にいいますと、チュニジア、それから、エジプトのアレキサンドリアなどでのごくわずかな知的交流があるだけです。赤道以南のアフリカについては一度も訪れたことがありませんが、フランス社会を理解するためには、地中海の向こう側からみるという構えが重要だと感じています。

（樋口陽一『ふらんす——「知」の日常をあるく』一七八頁）

＊　＊　＊

このような厳しい自己批判の視線によって濾過された、「フランス」についてのつぎのような指摘こそ、わたしが本文で紹介した「批判的理性としての学問」の原型であると思います。

フランスで、教育は、何より、一人ひとりが自分の意見を持ち、場合によっては自分以外の何にも服従しない勇気を備えた将来の市民を育てることを目指しているように思います。そのような、いわば「拒否する公共精神」といったものが、数の法則、「多数に従う」というもうひとつの側面にバランスをとるものになっているのではないでしょうか。（同二〇三頁）

＊＊＊

もう一人の「対話」の相手は、蟻川恒正さんです。蟻川さんとは、東北大学法学部の同僚でした。しかし、わたしが辞職して以降も、変わらず「同僚」でありつづけてくださった、数少ない友人でもあります。一九九四年に創文社から刊行された『憲法的思惟』において、対象化困難な近代立憲主義を、一人の裁判官の思考のなかで純粋な思想としてつかみだした際の、つぎのような彼の言葉は、わたしには衝撃でした。

その個人像に遂に歴史的対応物を持ちえないまま、したがって本来的には構築の原点を空洞にしているにも拘わらず、その空所を相反する現実的人間像によって充填するという仮構＝矛盾を自らの思考の内に引き受けることによって、ジャクソンの論理は成立していた。

（蟻川恒正『憲法的思惟』二九三頁）

蟻川さんの思想のすごみは、一九四三年のバーネット判決と、二年後のニュルンベルク国際軍事裁判で起訴状、論告を執筆した人が、ジャクソンという同一人物であったことに着目し、その共通の基盤を明白にしたことであると思います。

そこであきらかにされた基盤とは、「概念としての個人を思考の排他的定点に据え、かかる個人が動詞（reason）を行使することによって世界（国家、国際社会）に対峙するという意味空間」のことです。この意味空間を確保することで、「判断停止＝思考停止への批判と同時に、国家、国際社会への責任的参与」が可能になるのです。国家を統合する象徴（国旗）を拒否するという文脈と、違法の国家命令に対する個人の不服従義務が要請される戦争犯罪の文脈は、双方相俟って、侵略戦争禁止の法理に実質を与えるものです。したがって、これは、憲法九条を中心とした「日本」という問題に大きな貢献を与えるはずの業績でした。

わたしがとくに注目したのは、近代立憲主義が、最後は裁判所に頼るものではなく、市民が個人として抵抗することが要請される、という思考が蟻川＝ジャクソンの中核にあったことです。わたしが同時期、ケンブリッジでジョン・ダンから学んでいた政治思想の中核にある「信頼の限界としての抵抗」という問題意識を、蟻川さんは一九九四年の時点で、すでに明晰に定式化してみせてくれたのでした。

＊　＊　＊

樋口先生と蟻川さんが構築した、「フィクションとしての個人」こそ「現実的機制力」をもつという考え方には、大きな魅力を感じつつも、違和感を覚えつづけてきました。どうしても、排除され、「道端に倒れている人びと」という「現実」とはなれて、「隣人」との出会いはできないのではないか、という違和感です。本書が描き出した「人権という幻」は、樋口先生や蟻川さんが描いてみせてくれた「フィクションとしての個人」に対して、「現実の隣人」との対話という別の幻を提示したものである、といってよいのかもしれません。ですから、本書が提示したのは、「ひとつの幻」（a vision）であって、「唯一の幻」（the vision）ではないことを強調しておきたいと思います。樋口先生や、蟻川さんとの「対話」がなければ、本書の幻は生まれなかったことだけからも、そのことはあきらかです。その意味で、感謝の辞は、まず、樋口陽一先生と、蟻川恒正さんに述べさせていただきます。

＊　＊　＊

「言葉を意図的に曖昧にすることによって嘘をつく」。日本社会の根幹にあるデモーニッシュな構造との闘いのなかでティリッヒ哲学を学ばれた、日本基督教団布施教会の金顕球牧師にも感謝します。本書でのわたしのティリッヒ理解は、ほとんど金牧師から教えていただいたことです。

連れ合いのイ・ジョンファと息子の遠藤愛明にも感謝を捧げます。ジョンファは、一四年にわたる結婚生活において、第一の「隣人」はパートナーであり、家族なのだということを教えてくれました。それは同時に、「隣人」を引き受ける責任の厳しさと素晴らしさを知ることでもあったのです。愛明は、小遣いを貯めて、一枚一枚のCDを選び購入するときの真剣さと、そのCDを最初に聞くときの喜びの表情を通じて、わたしに、マーラー、バーンシュタインの音楽の素晴らしさを教えてくれています。西成法律事務所での働きを通して、依頼を引き受けることの厳しさと、仕事から逃避することの無責任さを諫めてくださる秘書の岩田優子氏にも感謝します。

本書の企画、下書き、執筆、校正のすべての段階を通じて、適切なコメントと時宜にかなった督促と、文章作法について「対話」を続けてくださった、勁草書房編集部の鈴木クニエ氏にも感謝させてください。

最後に、息子を信じ、山梨を去り、一緒に大阪の住吉に移住した母・遠藤千鶴子にも感謝します。

二〇一一年七月二八日　西成にて

遠藤　比呂通

参考文献

ジョルジョ・アガンベン『ホモ・サケル——主権権力と剥き出しの生』、高桑和巳訳、以文社、二〇〇三年。

同『人権の彼方に——政治哲学ノート』、高桑和巳訳、以文社、二〇〇〇年。

同『アウシュヴィッツの残りのもの——アルシーヴと証人』上村忠男・廣石正和訳、月曜社、二〇〇一年。

蟻川恒正「自己決定権」高橋和之・大石眞編『憲法の争点〔第三版〕』、有斐閣、一九九九年。

同『憲法的思惟』、創文社、一九九四年。

同「責任政治」法学五九巻二号、一九九五年。

朝日新聞二〇〇八年一〇月三日夕刊「ニッポン・人・脈・記「在日」という未来⑩」。

芦部信喜『憲法』、岩波書店、一九九三年。

テオドール・W・アドルノ『否定弁証法講義』、細見和之・河原理・高安啓介訳、作品社、二〇〇七年。

石川健治「国籍法違憲大法廷判決をめぐって——憲法の観点から（一）乃至（三・完）」法学教室三四三号、三四四号、三四六号、二〇〇九年。

石埼学『人権の変遷』、日本評論社、二〇〇七年。

稲本洋之助・鎌野邦樹『コンメンタール・マンション区分所有法第二版』、日本評論社、二〇〇四年。

マイケル・ウォルツァー『正義の領分——多元性と平等の擁護』、山口晃訳、而立書房、一九九九年。

Michael Walzer, "Spheres of Justice", 1983, Basic Books,Inc.

ミヒャエル・エンデ『はてしない物語』、上田真而子・佐藤真理子訳、岩波書店、一九八二年。

遠藤比呂通『市民と憲法訴訟――constitution as a sword』、信山社、二〇〇七年。

大石和彦「外国人東京都管理職選考受験資格訴訟大法廷判決――〝法律によらない行政〟という観点から」白鴎法学一二巻一号、二〇〇五年。

大江健三郎・大江ゆかり画『「新しい人」の方へ』、朝日新聞社、二〇〇三年。

太田匡彦「住所・住民・地方公共団体」地方自治七二七号、二〇〇八年。

岡野八代『シティズンシップの政治学――国民・国家主義批判』、白澤社、二〇〇三年。

小畑清剛『「一人前」でない者の人権――日本国憲法とマイノリティの哲学』、法律文化社、二〇一〇年。

加藤節『ジョン・ロックの思想世界――神と人間との間』、東京大学出版会、一九八七年。

カント『永遠平和のために／啓蒙とは何か他三編』、中山元訳、光文社文庫、二〇〇六年。

金時鐘・野間宏・安岡章太郎「差別の醜さと解放への道」『差別・その根源を問う（下）』、朝日選書、一九八四年。

金時鐘『「在日」のはざまで』、平凡社、二〇〇一年。

金敬得『在日コリアンのアイデンティティと法的地位』、明石書店、一九九五年。

マーチン・ルーサー・キング『黒人はなぜ待てないか』、中島和子・古川博巳訳、みすず書房、一九六五年。

同『良心のトランペット』、中島和子訳、みすず書房、一九六八年。

熊野勝之「居住の権利（ハウジング・ライツ）」近畿弁護士連合会編『阪神・淡路大震災人権白書――高齢者・障害者・子ども・住宅』、明石書店、一九九六年。

同「建物区分所有法改正は〝終の棲家〟に何をもたらしたか」法学セミナー六四三号、日本評論社、二〇〇八年。

同「最高裁判決は〝終の棲家〟に何をもたらすか――千里桃山台団地一括建替え事件」法学セミナー六五七号、日本評論社、二〇〇九年。

同「福島原発事故と伊方原発最高裁判決――三たび『天災と国防』を想う」法学セミナー六七八号、日本評論社、二〇一一年。

『グリム童話〈一〉』山口四郎訳、冨山房インターナショナル、二〇〇四年。

小泉良幸「入国の自由」法学六七巻五号、二〇〇四年。

小出裕章『原発のウソ』、扶桑社新書、二〇一一年。

同「確率論的評価の亡霊とそれに縋る推進派」『技術と人間（一九八〇年四月号）』、技術と人間。

小柳伸顕「裁判官の人権感覚——今中事件・大阪地裁・高裁判決を読む」寄せ場一七・一八号、二〇〇五年。

近藤博徳「国籍法違憲訴訟——大法廷判決獲得までのあゆみ」法学セミナー六五一号、二〇〇九年。

エドワード・サイード『知識人とは何か』、大橋洋一訳、平凡社、一九九八年。

坂口ふみ『〈個〉の誕生——キリスト教教理をつくった人びと』、岩波書店、一九九六年。

笹沼弘志「住所と市民権——貧困・社会的排除の一断面」賃金と社会保障一四四八号、二〇〇七年。

カール・シュミット『政治神学』、田中浩・原田武雄訳、未來社、一九七一年。

クエンティン・スキナー『近代政治思想の基礎——ルネッサンス、宗教改革の時代』門間都喜郎訳、春風社、二〇〇九年。

同『思想史とはなにか——意味とコンテクスト』半澤孝麿・加藤節編訳、岩波書店、一九九九年。

ドロテー・ゼレ『幻なき民は滅ぶ——今、ドイツ人であることの意味』、山下秋子訳、新教出版社、一九九〇年。

高山文彦『エレクトラ——中上健次の生涯』、文藝春秋、二〇〇七年。

John Dunn, Consent in the political theory of John Locke, in John Dunn 'Political obligation in its historical context' 1980, Cambridge U.P.

—Locke, 1984, Oxford U. P.,

—The concept of 'trust' in the politics of John Locke, in Richard Rorty, J. B. Scheewind, Quentin Skinner ed., Philosophy in History, 1984, Cambridge U.P.

Richard Kluger, Simple Justice: The History of Brown v. Board of Education and Black America's Struggle for Equality, 1975, New York Alfred A. Knopf.

Richard Tuck, Hobbes, 1989, Oxford U. P.

パウル・ティリッヒ「宗教の力学と悪魔的なものの構造――The Dynamics of Religion and the Structure of the Demonic」同『文化と宗教』、高木八尺編訳、岩波書店、一九六二年。

同『組織神学第三巻』、土井真俊訳、新教出版社、一九八四年。

同『キリストと歴史』野村順子訳、新教出版社、一九七一年。

同『近代プロテスタント思想史』、佐藤敏夫訳、新教出版社、一九七六年。

Paul Tillich, "Dynamics of Faith", pp. 1-3, 1957, Harper and Row.

W・E・B・デュボイス『黒人のたましい』、木島始他訳、岩波文庫、一九九二年。

時國康夫『憲法訴訟とその判断の手法』第一法規、一九九六年。

ドストエフスキー『罪と罰』、米川正夫訳、日本ブック・クラブ、一九七四年。

同『カラマーゾフの兄弟三』、亀山郁夫訳、光文社文庫、二〇〇七年。

中上健次・野間宏・安岡章太郎「市民にひそむ差別心理」野間・安岡編『差別・その根源を問う（上）』、朝日新聞社、一九七七年。

中上健次『紀州――木の国・根の国物語』、朝日文庫、一九九三年。

南原繁『国家と宗教――ヨーロッパ精神史の研究』、岩波書店、一九四二年。

ヘルムート・R・ニーバー『責任を負う自己』、小原信訳、新教出版社、一九六七年。

Reinhold Niebuhr, "The Tower of Babel" in Beyond Tragedy, 1937, Nisbet.

西川雅偉（ペンネーム・田西我意）「田螺貝のひそひそばなし『なぞとき狭山事件（一）乃至（三六・完）』」蒂文庫一乃至三八号、二〇〇〇年乃至二〇〇九年。

丹羽雅雄「在日韓国人元軍属の戦後補償」『戦争責任研究』一六号、日本の戦争責任資料センター、一九九七年。

野々村耀「釜ヶ崎今宮中学校南側道路の強制撤去」季刊 Shelterless 五号、二〇〇〇年。

H. L. A. Hart, "The Concept of Law", Oxford U. P., 1961.

長谷部恭男『憲法の境界』、羽鳥書店、二〇〇九年。

樋口陽一『近代立憲主義と現代国家』、勁草書房、一九七三年。

同『ふらんす——「知」の日常をあるく』、平凡社、二〇〇八年。

広中俊雄『法社会学論集』、東京大学出版会、一九七六年。

同『民法綱要第一巻総論上』、創文社、一九八九年。

同『民法解釈方法に関する十二講』、有斐閣、一九九七年。

同『新版民法綱要第一巻　総論』、創文社、二〇〇六年。

同「主題（個人の尊厳と人間の尊厳）に関するおぼえがき」広中編『民法研究四号』、信山社、二〇〇四年。

ミシェル・フーコー『性の歴史I・知への意志』、渡辺守章訳、新潮社、一九八六年。

水本浩・遠藤浩・丸山英気『基本法コンメンタール・マンション法第三版』、日本評論社、二〇〇六年。

セイラ・ベンハビブ『他者の権利——外国人・居留民・市民』、法政大学出版会、二〇〇六年。

ヴァルター・ベンヤミン『ベンヤミン・コレクション〈一〉近代の意味』浅井健二郎編訳、久保哲司訳、筑摩書房、一九九五年。

外尾健一『団結権保障の法理II』、信山社、一九九八年。

宮沢賢治『注文の多い料理店』、新潮文庫、一九九〇年。

宮沢俊義『憲法の論理』、岩波書店、一九六七年。

美濃部達吉『憲法撮要』有斐閣、一九二三年（初版）、一九二九年（第四版）、一九三二年（第五版）。

毛利透『表現の自由——その公共性ともろさについて』、岩波書店、二〇〇八年。

棟居快行『憲法フィールドノート第二版』、日本評論社、一九九八年。

矢野亮「『まちづくり』の中で障害と老いを生きる」山田富秋編『老いと障害の質的社会学——フィールドワークから』、世界思想社、二〇〇四年。

吉田徹編著『一問一答改正マンション法——平成一四年区分所有法改正の解説』、商事法務、二〇〇三年。

ジャン＝フランソワ・リオタール「他者の権利」ジョン・ロールズ他『人権について』、中島吉弘・松田まゆみ訳、みすず書房、一九九八年。

同『文の抗争』、陸井四郎・小野康男・外山和子・森田亜紀訳、法政大学出版局、一九八九年。

エマニュエル・レヴィナス『困難な自由』、合田正人編訳・三浦直希訳、法政大学出版会、二〇〇八年。

和仁陽『教会・公法学・国家——初期カール＝シュミットの公法学』、東京大学出版会、一九九〇年。

著者略歴

1960年生まれ．1984年東京大学法学部助手，1987年東北大学法学部助教授〔憲法講座〕．1997年より弁護士（西成法律事務所）／憲法研究者．著書に『自由とは何か——法律学における自由論の系譜』（日本評論社，1993年），『市民と憲法訴訟』（信山社，2007年），『不平等の謎』（法律文化社，2010年）．

人権という幻　対話と尊厳の憲法学

2011年９月９日　第１版第１刷発行
2011年12月15日　第１版第２刷発行

著　者　遠《えん》藤《どう》比《ひ》呂《ろ》通《みち》

発行者　井　村　寿　人

発行所　株式会社　勁《けい》　草《そう》　書　房

112-0005　東京都文京区水道2-1-1　振替　00150-2-175253
（編集）電話　03-3815-5277／FAX　03-3814-6968
（営業）電話　03-3814-6861／FAX　03-3814-6854
日本フィニッシュ・ベル製本

ISBN978-4-326-45096-1　Printed in Japan